韩汉祈使句的
认知语用对比研究

鞠金城 ◎ 著

THE KOREAN AND CHINESE IMPERATIVE
COGNITIVE PRAGMATIC COMPARATIVE STUDY

中国社会科学出版社

图书在版编目（CIP）数据

韩汉祈使句的认知语用对比研究／鞠金城著 . —北京：中国社会科学出版社，2017.1

ISBN 978-7-5161-9858-2

Ⅰ.①韩… Ⅱ.①鞠… Ⅲ.①朝鲜语–句法–对比研究–汉语 Ⅳ.①H554 ②H146.3

中国版本图书馆 CIP 数据核字（2017）第 030692 号

出 版 人	赵剑英
责任编辑	任　明
责任校对	张依婧
责任印制	李寡寡

出　　　版	中国社会科学出版社
社　　　址	北京鼓楼西大街甲 158 号
邮　　　编	100720
网　　　址	http：//www.csspw.cn
发 行 部	010-84083685
门 市 部	010-84029450
经　　　销	新华书店及其他书店

印刷装订	北京市兴怀印刷厂
版　　　次	2017 年 1 月第 1 版
印　　　次	2017 年 1 月第 1 次印刷

开　　　本	710×1000　1/16
印　　　张	12.75
插　　　页	2
字　　　数	180 千字
定　　　价	58.00 元

前　言

　　韩国语和汉语祈使句的本体研究已经比较细致全面，但对比研究相对薄弱，研究水准和层次有待提高。首先，从外部句类划分来看，间接言语行为形成了对句类划分标准的挑战；其次，从祈使句内部系统来看，如何进行下位分类，有多少次类等问题还需进一步研究；再次，从韩汉祈使句内部结构特点来看，主语和谓语的构成、语尾和助词的作用、肯定与否定的不对称、省略与强调的功能等问题促使我们对两种语言的共性和个性进行仔细归纳和解释。

　　本书在前人研究的基础上，以言语行为理论为指导，确立了祈使句成立的条件和范围，分析和对比了韩汉肯定祈使句、否定祈使句、强调祈使句及间接祈使句等在句法语义、认知、语用和类型学方面的特点。通过对比得出：

　　第一，韩汉肯定祈使句的主语和谓语构成上相似，且一般都具有［+述人］特点，"生命度"要求较高。韩国语倾向于形态型祈使，汉语倾向于词汇型祈使。

　　第二，韩汉否定祈使句在谓语和否定标记构成上差别不大，但在数量和意义上存在不对称性。两种语言的否定祈使句都具有歧义性和预设性特点。从否定意义的标记性角度看，韩国语无标记否定居多，汉语有标记否定较韩国语多。

　　第三，韩汉祈使句都能通过主语隐现和呼语化、谓语变化或省略、副词或情态词添加、语调调节等表达强调祈使意义，不同之处是韩国语还可以通过终结语尾的变换表达强调意义，而汉语通过句末尾词的添加表达强调祈使意义。韩汉强调祈使句中谓语的变化部分差别较大，韩国语主要通过添加补助动词实现祈使意义的弱化或强化，而汉语则主要通过谓语的重叠、谓语部分句式的变换来实现。"主观性"和"认知凸显"作为重要影响因子作用于韩汉强调祈使句。

第四，韩汉陈述句、疑问句、感叹句等都可以用作间接祈使句，体现肯定和否定两类祈使意义。各类间接祈使句之间存在规约性差别，肯定与否定表达之间存在不对称性特点。间接祈使句的使用符合"礼貌原则"和"面子保全论"，同时也违反了语言的"经济性原则"和"会话合作原则"。

目　　录

图目录

表目录

第一章

序　言

第一节　本研究的目的和意义

关于韩国语祈使句的研究，从定义上来看分歧不大，基本认为祈使句是"话者要求听者做或不做某一动作或行为"的句子。但是从祈使句划分标准和范围来看，特别是祈使句的外延上存在不少分歧。최현배（1933）、양인석（1976）、장석진（1985）、김일웅（1987）、노대규（1987）、김선호（1988）、조성훈（1988）、박영순（1992）、고연근（2004）等基于共动句表达祈使意义的现象，主张将命令句和共动句放在同一语义范畴内分别论述；박영준（1991）将共动句和命令句放在同一层面一起加以论述；채영희（1982）将共动句放在间接命令表达中加以论述。

关于汉语祈使句的研究，从定义上来看分歧也很小，大致认为祈使句是"话者要求听者做或不做某事"的句子。但是从祈使句划分标准和范围上来看，特别是祈使句划分标准和内部分类上存在不小差异。汉语祈使句传统研究方法可以大致分为功能主义和功能形式主义两大类，其中侧重功能角度研究的有：朱德熙（1982）、吕叔湘（1982）主张用语气来界定，黄伯荣（1985）、郭锦俘（1993）、齐沪扬（2002）主张用语调来区分，范晓（1998）主张从语用角度切入；功能和形式并重研究的有：袁毓林（1993）、马清华（1995）、商拓（1997）、戴耀晶（1998）、方霁（1999，2000）主张从功能和形式的对应关系上加以研究。

由此看来，祈使句在韩汉两种语言中作为独立的范畴存在是几乎没有问题的。但是祈使句的成立条件和范围上还存在诸多模糊不清的地方，特别是句类划分标准不一、祈使句内部分类系统不明、祈使句成立的条件和范围不确定等问题。

从宏观来看，韩国语属黏着语，形态比较发达，传统上句类划分基本依照句末语尾的形态和功能的统一性；汉语属于孤立语，形态变化较少，传统上句类划分基本按照句子的功能，具体包括语气功能、语用功能、助词功能等，以及功能与形态的统一性。换句话说，韩国语句类划分是以形式为主、功能为辅，而汉语句类划分是以功能为主、形式为辅。不同语言句类划分时形式和功能孰先孰后、谁主谁次的问题无须争议，将形式和功能统一起来互为参照，也是语言研究的外部和内部分类问题延续至今。

正如고영근（1976）、채영희（1982）、刘丹青（2005）指出的那样，祈使句功能分类是一个渐变的过程，"没有一个具体的尺度划分不同类型的句子"，各类别之间可能存在些许重叠和模糊不清的部分，祈使句功能分类与发话场景、发话者口气、语调等密不可分，因而简单的功能分类还不足以将祈使句内部系统分开，这就提示我们祈使句研究还应该多方位把握，具体问题具体分析。

第二节　前人研究与研究现状

一　韩国语祈使句的研究

韩国语祈使句的研究，根据研究对象和研究方法的不同大致可以从以下两个方面来归纳：一是根据研究对象和范围的不同，从宏观上对韩国语祈使句进行概括研究；二是根据研究方法的差异，从微观上对韩国语祈使句进行分析研究。

1. 从研究对象角度分类

韩国语祈使句的研究，根据研究对象、范围和切入点的不同，可以大致概括为祈使句外部分类研究和祈使句内部特点研究两大类。

（1）祈使句外部分类研究

최현배（1937）从句法分类角度出发，区分了"命令法"和"共同法"，并将命令法分为"命令句（시킴월）"和"禁止句（말림월）"两种进行了举例说明和解释。

고영근（1974，1976）根据韩国语"敬语法"系统首先将句子分为意志叙法和非意志叙法，其中命令、共动、许诺、约束、警诫等属于意志叙法，并认为命令法和共动法同属于广义的命令法。

채영희（1982）认为句类与意义之间并非一一对应的关系，但同意将句子分为陈述、疑问、命令、请诱四种句子。

허웅（1983）根据"话者对听者有无要求"以及"要求的性质"将句子分为陈述、疑问、命令和共动四种句子。

서정수（1984，1986）总结了前人研究中命令型终结语尾，罗列了不同等级的"听者尊敬法"中命令型终结语尾的形式。在"叙法"分类中根据语尾的形态将"命令法"分为"指示型""请愿型""许诺型"等。

남기심（1989）在"否定法"和"意向叙法"中谈到了有关命令句的问题。他将韩国语"叙法"分为"陈述型""疑问型""命令型""感叹型"四类，指出"命令句"是"要求对方做出某一行动的句子"，并将"-（으）려무나/（으）렴"看作命令型语尾。在对"말다"否定法的叙述中，他指出"말다"一般只能用于"命令"和"请诱"，偶尔用于表达"希望"的句子中，他还指出"말다"不用于形容词谓语后，如果这种情况出现将不再是"命令"或"请诱"的意思，而是"祈愿"的意思。

박영순（1993）按照构造、语法和功能将句子分为许多小类，语法分类中按照"叙法"将句子分为"陈述句""疑问句""命令句""允诺句""请诱句""感叹句"。在论及句子的主语时他指出，命令句主语可以省略，但在生成语法中的命令句深层结构中是存在主语的。

윤석민（1994）将句子终结法分为说明法、感叹法、疑问法、约

定法、许诺法、警诫法、命令法、共同法等八类，将表命令的终结语尾分为"单一型"和"合成型"两类并逐个举例分析，最后得出了命令法和句子终结型语尾的对应关系表。

（2）祈使句内部特点研究

홍기문（1947）通过对命令语尾"-어라""-거라"的分析指出，"앉았거라"等是过去命令，"죽어라"是现在命令，在"앉다""서다"后加上"-아/어 있다"或"-아/어 계시다"再添加命令语尾组成的是完了命令，并且他通过对感叹句的分析认为，"-려무나"是"命令感叹句"。

이홍배（1971）运用转换生成语法的相关理论，从句子表层和深层结构方面对命令句的特征进行了观察和描写。他用"말다"和"않다"作为判别标准，认为凡是能用"말다"进行否定的就属于"命令法"，凡是能用"않다"进行否定的就是"非命令法"，并且他将"命令法""许诺法"和"共同法"同时看作是"命令"的具体表达。由此看来特采取的是广义的"命令"观。

장석진（1973）指出命令型语尾"-어라"不单是表命令，根据尊敬等级的不同其表达意义也有所不同，在"해라"体中表"命令"或"指示"，在"하게"体中表"劝告"或"提议"，在"하소서"体中表达"叹愿（탄원）"的意思等。

양인석（1976）对"建议句"和"命令句"语尾进行分类整理，并考察了两种句子的意义和用法。

이상복（1979）整理了"말다"前后文环境，举例指出"말다"不只是用于命令句和请诱句，也不仅限于在动词后表阻止或禁止。他从句法分布角度切入，对"말다"的意义进行了总结和举例分析，指出其基本意义是"动作或状态的中断"。

임홍빈（1983，1984，1985）从形态角度分析了韩国语命令型终结语尾"-아/어/여라"，认为这是副词型语尾"-아/어/여"和命令型语尾"-라"的复合形态，并运用音韵交替、与其他相似形态比较等方法说明了这一观点，从而指出韩国语命令型终结语尾的真正形态

是"-라"。

서태룡(1985)总结了先行研究中有关命令型语尾的观点,对"-어라""-거라""-너라""-게""-을것""-으렴"等的区别与联系进行了仔细考察。

조성훈(1988)从形式和意义之间的对应关系角度入手,考察了现代韩国语命令表现的使用情况。从形式角度入手可以从语尾和谓语词干两个方面考察终结语尾、非终结语尾、动词、形容词方面的句法和语义特性,从意义角度入手可以比较命令法与许诺法、请诱法、疑问法之间的形态和意义关系等。指出命令法语尾并不一定完全用来表达命令,还可以表达"许可、感叹、惊讶、反语警告、问候语"的意义。

최경자(1985)总结了转换生成语法、范畴理论、施受关系角度考察的方法论缺陷,以言语行为理论为指导,对命令句成立条件、命令句构造和使用以及命令句功能进行了细致分析,确立了命令句在句子系统中的地位,并从命令句的回答、间接言语行为角度再度审视了命令句的特征,指出了命令句语用研究的重要性和必要性。

강창석(1987)用说话者和听话者之间的权势关系来界定命令句的意义,指出命令句是权势高的人使权势低的人实施某一动作,话者和听者之间的权势关系取决于话者和听者所处的现实世界中的上下关系。

박금자(1987)首先对"-어라"和"-게"的句法功能进行分析,指出这些形态并不完全表示命令,而后运用言语行为理论对韩国语命令句的主语特征与人称问题、谓语的特征与性质问题、"-도록""-ㄹ것"的间接命令行为问题进行了研究。

고성환(1996)通过对"命令"与"祈愿""许诺""请诱"的比较确立了命令句研究范围,从意义分析和言语行为角度对命令句主语、呼语的隐现问题、谓语的句法语义特征问题、否定命令句、间接命令句等进行了较为全面的考察。

장경희(2000)首先对请诱行为和命令、提议行为作出区分,而

后运用言语行为的相关理论，通过对许诺回答和拒绝回答的表现形式进行了分类分析，指出"请诱""命令"和"提议"受听者"评价态度""实践态度"以及"情绪态度"三个方面影响而有所不同。

나은미（2002）运用言语行为的相关理论分析指出"－ㅂ시다"具有"请诱"和"命令"两种功能，指出话者与听话者之间权势或关系的不均衡情况下可以表命令，因为"虽然话者认为听者应该达到某一条件并且认为自己有实现这一意图的权势，但听者不一定承认这种权势，因而话者为实现自己的意图而一同参与"。

한송화（2003）以言语行为理论为指导，考察了韩国语不同命令功能的实现手段。其中包括运用祈使语尾－아/어라"和"－（으）십시오"表命令，也涉及疑问句表命令和陈述句表祈愿的间接祈使表达。

2. 从研究方法角度分类

韩国语命令句的研究从数量上一直保持较好的研究态势，从研究内容和方法上看存在不少阶段性特征。韩国语命令句的研究从宏观研究领域来看，可以分为共时研究、历时研究和对比研究。从研究方法的微观视角来看，可以分为传统语法视角下的研究、结构主义视角下的研究、转换生成语法角度的研究、语用·言语行为角度的研究、对比/教学方面的研究以及各角度的综合研究等。这些研究并不是截然分开的，而是相辅相成、互为基础和保障的。根据研究内容的侧重点和主要采用的研究方法，我们对这些研究进行简要分类概括如下：

（1）传统语法视角下命令句的研究

传统语法最初的研究是以词类划分为中心的，命令句的最初研究也是在虚词分类中萌芽的，其代表研究有최현배（1937）等。韩国语命令句的正式研究应该始于传统语法对"尊敬法"的研究，在对"尊敬法"的分类中涉及命令句的有"합쇼체"中的"－（으）십시오"和"해라체"中的"－아/어라"。其中最具代表性的研究有홍기문（1947）、장석진（1973）、서정수（1984）等。

传统语法的领军人物최현배（1937）称句子为"월"，他首先对

"命令句"和"共同句"做出了区分，并将命令句分为"命令（시킴）"和"禁止（말림）"两种进行了举例说明，并对命令句否定标记"말다"进行了简要论述。

홍기문（1947）通过对命令语尾"-어라""-거라"的分析指出，"앉았거라"等是过去命令，"죽어라"是现在命令，在"앉다""서다"后加上"-아/어 있다"或"-아/어 계시다"再添加命令语尾组成的是完了命令，并且他通过对感叹句的分析认为，"-려무나"是"命令感叹句"。

장석진（1973）通过对"尊敬法"的考察发现命令型语尾"-어라"不单是表命令，根据尊敬法的不同其表达意义也有所不同，在"해라"体中表"命令"或"指示"，在"하게"体中表"劝告"或"提议"，在"하소서"体中表达接近"叹愿（탄원）"的意思等。

서정수（1984）在"听者尊敬法"的论述中涉及命令句的相关内容，他对前人研究中命令型终结语尾进行了总结，并罗列了不同等级的"听者尊敬法"中命令型终结语尾的形式。他根据语尾的形态对"叙法"下的"命令法"的分类是"指示型""请愿型""许诺型"等。

这一时期的研究由于过度侧重对终结语尾的分类和描写，加上前人研究中对语尾的观察和研究还不很深入，在终结语尾的形态识别上出现不少偏差，因而命令句的研究也只局限在所谓"命令式终结语尾"上。

（2）结构主义视角下命令句的研究

20世纪70—80年代，结构主义语言学研究方法的引入和发展为命令句的研究提供了新的契机。这一时期的研究主要以结构主义的分布描写方法为主，特别是对命令句终结语尾的分布以及意义和功能的描写、主语和谓语的构成限制等进行了细致探讨，取得了丰硕的研究成果。其主要代表人物有고영근（1974，1976）、최명옥（1976）、이상복（1979）、임홍빈（1983，1984，1985）、남기심（1989）、조성훈（1988）等。

고영근（1974，1976）在前人研究的基础上针对"命令法"语尾

"－라"进行了系统分析，并总结了"命令法"的定义和用法。他虽然对"命令法""许诺法"和"共同法"做了区分，并分别对其终结语尾的使用作了举例说明，但是他将"命令法""许诺法"放在一起论述，由此看来他认为这两类类句子属于广义的"命令法"，而"共同法""约束法""警诫法"等应该属于独立的句子类型。

최명옥（1976）指出韩国语终结语尾"－오/소"这一形态既可以表达命令，又可以表达陈述和疑问，经过考源后他指出表达命令的"－오/소"与表达陈述和疑问的"－오/소"在起源上并不相同。

이상복（1979）整理了"말다"前后文环境，举例指出"말다"不只是用于命令句和请诱句，也不仅限于在动词后表阻止或禁止。他从句法分布角度切入，对"말다"的意义进行了总结和举例分析，指出其基本意义是"动作或状态的中断"。

임홍빈（1983，1984，1985）从形态角度分析了韩国语命令型终结语尾"－아/어/여라"，认为这是副词型语尾"－아/어/여"和命令型语尾"－라"的复合形态，并运用音韵交替、与其他相似形态比较等方法说明了这一观点，从而指出韩国语命令型终结语尾的真正形态是"－라"。

조성훈（1988）从形式和意义之间的对应关系角度入手，考察了现代韩国语命令表现的使用情况。从形式角度入手可以从语尾和谓语词干两个方面考察终结语尾、非终结语尾、动词、形容词方面的句法和语义特性，从意义角度入手可以比较命令法与许诺法、请诱法、疑问法之间的形态和意义关系等。

남기심（1989）在"否定法"和"意向叙法"中谈到了有关命令句的问题。他将韩国语"叙法"分为"陈述型""疑问型""命令型""感叹型"四类，指出"命令句"是"要求对方做出某一行动的句子"，并将"－（으）려무나/（으）렴"看作命令型语尾。在对"말다"否定法的叙述中，他指出"말다"一般只能用于"命令"和"请诱"，偶尔用于表达"希望"的句子中，他还指出"말다"不用于形容词谓语后，如果这种情况出现将不再是"命令"或"请诱"的意

思，而是"祈愿"的意思。

这些研究在一定程度上解决了传统语法研究下对命令句终结语尾形态识别和类型划分上的失误，突破了传统语法研究方法上的局限性，但是在命令句句法、功能和语义特征方面仍存在很多不足，特别是句法分析层面还很薄弱。

（3）转换生成语法视角下命令句的研究

转换生成语法被引入韩国语语言研究之后，在很长一段时期内未引起足够的重视，但是转换生成语法视角下的命令句研究已经开始。这一角度的研究主要侧重命令句的表层句法结构的生成以及深层句法结构的还原，主要采用的是对命令句的转写、转化方法，以及对生成机制的构建等。主要代表人物有이홍배（1971）、송병학（1975）、허웅（1975）、박영순（1993）等。

이홍배（1971）运用转换生成语法的相关理论，用"말다"和"않다"作为判别标准对命令句进行了分类。认为凡是能用"말다"进行否定的就属于"命令法"，凡是能用"않다"进行否定的就是"非命令法"，并从句子表层和深层结构方面对命令句的特征进行了观察和描写。他将"命令法""许诺法"和"共同法"同时看作是"命令"的具表达。由此看来特采取的是广义的"命令"观。

박영순（1993）按照构造、语法和功能将句子分为许多小类，语法分类中按照"叙法"将句子分为"陈述句""疑问句""命令句""允诺句""请诱句""感叹句"。在论及句子的主语时他指出，命令句主语可以省略，但在生成语法中的命令句深层结构中是存在主语的。

转换生成语法视角下的命令句研究让人们看到了生成语法的魅力以及命令句深层结构的特点，特别是对命令句句法上的很多悬而未决的问题提出了有效解释，引起了人们对生成语法和命令句的关注。但是由于生成语法忽视语义作用再加上其方法难于操控，这一研究在韩国昙花一现，这一角度的命令句研究也随之冷淡下来。转换生成语法对句法的过度纯化使得命令句研究中意义和语境研究弱化，命令句研究中出现了很多例外和争议，亟待新的理论和方法的出现。

（4）语用·言语行为视角下命令句的研究

言语行为理论在 20 世纪末虽然是作为语用学的一部分引入韩国语言学研究中，但由于这一理论对命令句研究和解释的天然亲和力，出现了不少研究成果。这一方法主要是基于话语行为、话语施事行为、话语施效行为三层意义展开的，主要研究话语如何借助语言、预设、策略、语境等手段来实施某一行为，从而达到某一效果的。利用言语行为理论研究韩国语命令句的代表人物有최경자（1985）、강창석（1987）、박금자（1987）、윤석민（1994）、고성환（1996）、장경희（2000）、나은미（2002）、한송화（2003）等。

최경자（1985）首先通过对命令句的意义分析以及对转换生成语法、范畴理论、施受关系考察的缺陷进行分析确立了命令句在句子系统中的地位，然后以言语行为理论为指导，对命令句成立条件、命令句构造、使用以及功能进行了细致分析，并从命令句的回答、间接言语行为角度再度审视了命令句的特征，从而指出命令句语用研究的重要性和必要性。

강창석（1987）用说话者和听话者之间的权势关系来界定命令句的意义，指出命令句是权势高的人使权势低的人实施某一动作，话者和听者之间的权势关系取决于话者和听者所处的现实世界中的上下关系。

박금자（1987）在语用学言语行为理论的指导下，对由韩国语典型命令型态"–어라"和"–게"等构成的命令句进行了仔细考察，指出这些形态并不完全表示命令。而后她对韩国语命令句的主语构成及人称问题和谓语的构成和性质问题进行了仔细探讨，最后她探讨了表达命令功能的"–도록""–ㄹ것"和表达命令的间接话语行为问题，指出这些形式能够表达命令是因为他们在一定程度上符合命令行为的适切条件，再借助语境的辅助作用就可以实现。

윤석민（1994）以功能和语用学相关理论为依据对现代韩国语句子终结法进行了系统探讨，将句子终结法分为说明法、感叹法、疑问法、约定法、许诺法、警诫法、命令法、共同法等 8 类，并对各终结

法中终结语尾形式进行了分析，找出了其中的对应关系。其中表达命令的终结语尾分为"单一型"和"合成型"两类，并对这些语尾进行逐个举例分析，最后得出了命令法和句子终结形语尾的对应关系表。

고성환（1996）跳出传统命令句研究的范围，通过对"命令"与"祈愿""许诺""请诱"的比较，运用"意义·话语行为"原理对现代韩国语典型命令句进行了系统研究。首先界定了命令句的定义和范围，而后对命令句主语、呼语的隐现问题和谓语的形态、语义、句法特征进行了细致考察，并对韩国语否定命令句、直接命令句和间接命令句、以命令型语尾终结的命令句和以副词型语尾终结的命令句进行了全面考察。他的论述明显带有语用学特点并受到言语行为理论的强烈影响，对我们全面理解和考察命令句有很大帮助。

장경희（2000）从请诱言语行为的本质和与韩国语语尾的对应关系入手，运用言语行为的相关理论，对请诱行为和命令、提议行为作出区分，指出"请诱行为要求的是共同实施行为"，并罗列了请诱行为的表达形式。文中主要对许诺回答和拒绝回答的表现形式进行了分类分析，指出主要在听者对话者提出的要求的"评价态度""实践态度"以及"情绪态度"三个方面有所不同。

나은미（2002）运用语用学话语行为的相关理论对韩国语请诱型终结语尾"-ㅂ시다"的功能和用法进行了考察，指出这一语尾具有"请诱"和"命令"两种功能，它表命令是发生在说话者和听话者之间权势或关系的不均衡情况下，表示的是"由于说者认为听者应该达到某一条件并且认为自己有实现这一意图的权势，而听者不一定承认这种权势，因而说者为实现自己的意图而一同参与"的意思。

한송화（2003）以言语行为理论为指导，以韩国语命令功能的实现为中心，对韩国语中表达命令功能的典型形态和非典型形态进行了考察。其中涉及命令句终结语尾"-아/어라"和请诱句终结语尾"-（으）십시오"表命令，也涉及疑问句终结语尾"-겠습니까"表命令和陈述句表祈愿的"-기 바라다"用于表命令的情况。作者在论述过程中使用了"命令"和"要请（요청）"两个术语，实际上这里

所说的"命令"已经超出了其本来意义，而是一种"以言行事"的功能。

言语行为理论视角下的命令句研究不但重视命令句本身的特征，而且更为注重言语之外施事行为和施效行为的相关特征，特别是注重语言环境对施效行为的影响和制约作用，弥补了以往研究对命令句话语功能和语境研究的疏漏，让命令句研究走向全面化，更加贴近语言教学和其他领域的应用。

（5）对比与教学的研究

韩国语命令句对比研究除了少数几篇纯语言类对比研究（陶冶（2011）等）之外，大都是结合对外韩国语教学展开，主要涉及韩国语命令句与汉语、英语、日语、西班牙语的命令句句法、语义以及语用等方面，并结合对外韩国语教学制定教学方案，阐述命令句教学方法。代表性研究有박영예（1990）、홍혜성（1997）、김미나（1997）、성화수（2005）的韩英命令句对比和教学，윤이령（2004）的韩西命令句对比和教学，김태호·김종복（2010）박현덕（2010）的韩日命令句对比和教学，이명희（2010）的韩汉命令句对比和教学，정민주（2003）、김가람（2011）的韩国语命令句研究和对外韩国语教学等。

박영예（1990）、홍혜성（1997）、김미나（1997）、성화수（2005）与外语教学相联系，首先分析了韩国语"要请"言语行为的使用和类型，并通过对比韩国语和英语"要请"策略的使用和回答情况，指出韩国语学习者误用的类型和原因，例如韩国语更多使用尊敬称而英语多使用呼语或亲昵称，韩国语多使用报答策略而英语多使用称赞策略，韩国语中朋友间的请求比起英语更多使用直接法等。指出受母语影响或由于对方文化了解的缺失导致的策略失误有很多，提出在以后教学中应该防止母语负迁移以及加强语言功能角度和语用角度教学和练习等教学方案。

정민주（2003）以言语行为理论和交际策略的相关原理对韩国语"要请"言语行为的表现和使用状况进行了调查和分析，将韩国语"要请"行为分为直接"要请"行为和间接"要请"行为两种，通过

调查指出韩国语对间接"要请"言语的使用频率比直接"要请"要高，因此主张针对外国人的韩国语教学应该加强"要请"言语表达学习，加强综合性的听说练习，培养学生语言策略的灵活使用能力。

윤이렁（2004）以言语行为理论和礼节理论为理论指导，对韩国语和西班牙语中"要请"言语行为表现和语言策略进行了对比分析。指出韩国语习惯用"命令型"和"请诱型"来表达"要请"行为，其中伴随着"尊敬法"的区别使用。作者指出由于韩国语"尊敬法"形态发达，因而间接言语行为的使用相较于西班牙语低，而西班牙语等西方语言由于其"尊敬法"形态不是很发达，因而较多采用间接言语行为来表达。由此文中指出要加强有针对性的语言文化和策略教学，深刻理解和把握两种语言间"要请"行为表达的差异性，以便发出正确恰当的"要请"行为。

김태호·김종복（2010）语用语用学的相关原理在与日语"koto"命令句以及韩国语可以表达相似功能的语尾"음""기""지"进行对比的同时考察了韩国语"-ㄹ 것"表命令的用法，指出"-ㄹ 것"的命令功能来源于它和命令句时态上的相似性和其本身句法功能的语法化，这一形态表命令不是完全自由的，而是受到主语人称限制，即第二人称主语时才可能具有命令功能。

박현덕（2010）运用对比的研究方法对 20 世纪初的韩国语和日语中命令句敬语法进行了对比研究。首先确立了 20 世纪初韩日命令句的类型和范围，并各自分析了韩日语中敬语形态素随着所尊敬对象的数进行变化的异同点，指出韩国语中听者敬语素起核心作用，日语中主体敬语素起核心作用，并通过韩日、日韩对译语料对两者各等级尊敬语上的对应关系进行分类分析和总结。

이명희（2010）从言语行为的发出和使用着手，结合对外韩国语教学，针对汉语圈韩国语学习者的言语行为使用和教学进行了研究。主要从言语行为的礼貌原则和体面原则两个方面观察了韩国语"要请"言语行为的表达以及接受和拒绝的表达。并对针对亲疏关系、社会地位、给对方造成的负担等方面调查和分析了言语行为的使用情况

和类型，指出这一行为中错误的三种类型是语法错误、语用失误、理解不足导致的失误。最后作者依此提出了针对这一言语行为的教学方案。

김가람（2011）以言语行为理论为指导，通过对韩国语高级学习者电子邮件中的"要请"行为进行调查和语篇分析，探讨了"要请"言语行为的教学和学习方法问题。文章分析主要以格式、表义功能、尊敬法三个方面为主，指出以后该方面的教学应注意教授韩国语"要请"习惯和文化知识，在夯实语法的基础上加强使用练习和实际交往训练。

陶冶（2011）从语用角度入手对韩汉请求表达方式进行了对比，根据请求表达使用的形态将韩汉请求表达分为陈述式请求、疑问式请求、共动式请求、祈使式请求等四类，通过语料统计发现汉语倾向于用直接请求而韩国语倾向于用间接性请求，指出韩汉语在疑问式请求和祈使式请求等方面差别较大。

这些研究大多以语用学言语行为理论为指导，对韩国语命令句中的"要请"言语行为的语言表达、手段、策略以及发话语境进行全面分析，并根据实地调和偏误分析总结出韩国语命令句教学方案，可以说是采众家所长。这些研究不仅提供了大量语言事实和数据，对韩国语命令句自身研究也有很大借鉴意义。

（6）韩国语命令句历时研究

韩国语命令句的历时并不少见，传统语法研究中也可见一斑，其中较为全面、系统的对命令句的来源和演变进行分析的代表性研究有이광고（1983）、양택선（1984）、이광호（1990）、박영준（1993）、고광모（2000，2002）、김성란（2003）、김충회（1974，1977）等。

양택선（1984）等通过对韩国语命令法的历时考察对古代韩国语、中世纪韩国语和近代韩国语命令句的发展历程进行了研究。作者从广义的命令法角度出发，其下设命令型、请愿型、请诱型、许诺型四类并按尊敬阶次序进行排列和研究，指出17世纪以前的韩国语命令句有命令型、请愿型、请诱型三类，到18世纪出现了许诺型命令

法，而 19 世纪韩国语中只有命令型、请诱型、许诺型三类。文中罗列了 15 世纪直到 19 世纪的命令型语尾、请愿型语尾、请诱型语尾以及许诺型语尾的形态并对其发展演变过程进行了分析和讨论，指出中世纪韩国语中只有命令型固定下来，请诱型在近代固定下来，而请愿型到近代时地位反而更加动摇，到 19 世纪时便不再出现，而许诺型是 18 世纪才开始出现的。文中考察了命令型终结语尾 "-어-" "-거-""-나-" 与先语末语尾 "-시-""-습-" 的搭配组合关系和先语末语尾的敬语法功能，对 "하야라" 形在中世纪韩国语和近代韩国语中隐现差别以及命令型语尾 "-ㅅ-" 的插入所造成的意义和功能变化进行了探讨。

这些研究大多是对古代韩国语、中世纪韩国语和近代韩国语语尾的发展历程进行了考察，其中涵盖了命令句终结语尾的研究，虽然针对性比较差，但这些研究涉及不同时期韩国语命令句终结语尾的形态，部分研究还总结了韩国语命令句终结语尾的发展历程和历史阶段性特征，对现代韩国语命令语尾句的相关问题做出了历史的解释，为后人研究提供了坚实的基础。

3. 韩国语祈使句的研究现状

为方便了解韩国语祈使句（命令句）中前人研究的概况，我们对 2012 年之前发表的关于命令句的论文、期刊以及业已出版的命令句研究方面的专著进行了统计，统计结果如图 1 所示。

通过对韩国语命令句前人研究状况的统计来看，传统语法视角下专门针对韩国语命令句进行的研究比较少，只有一本硕士论文和三篇期刊论文，其他研究基本都散见于各类语法书中，无论在数量上还是研究层次上都比不上其他领域的研究，这是与传统语法理论本身局限性分不开的。结构主义视角下专门针对命令句进行的研究数量明显上升，其中期刊论文最多（19 篇），硕士论文次之（6 篇），值得关注的是这一视角下出现了 2 篇博士论文，无论从数量上还是研究层次上都远远超过传统语法视角下的研究。这反映出结构主义分析和描写的巨大优越性和适当性，为深入研究命令句的其他特性奠定了良好的基

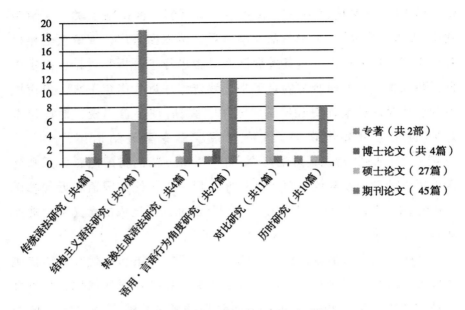

图1 韩国语命令句前人研究方法概况

础。由于转换生成语法自身的缺陷，这一视角下的命令句研究数量较少，研究层次也比较低，只有3篇期刊论文和一篇硕士论文。语用·言语行为角度的研究涉及面最广，其中专著有2部，博士论文4篇，硕士论文和期刊论文各12篇。这些研究充分体现了言语行为理论引入韩国之后产生的广泛效应，也证明了这一理论的可操作性和可接受程度，但这些研究大都不是纯粹的言语行为角度的研究，而是以结构主义的分布描写和分析为基础，结合语用学的相关理论进行分析和解释。对比研究有10篇硕士论文和1篇期刊论文，其中大多是韩英对比和与对外韩国语教学相结合的研究，纯语言类的韩汉对比研究只有一篇硕士论文。从韩国语命令句历时研究来看，期刊论文比较多，硕士论文有1篇，虽然没有这一方面的博士论文，但有1部专著。

从上看出，韩国语命令句研究经历了波浪式发展过程，从数量上来看，结构主义角度的研究最多，语用·言语行为理论视角下的研究次之，命令句对比研究和历时研究正在飞速发展。从质量上看，语用·言语行为理论角度的研究最为全面、深入，这与结构主义角度的研究所奠定的基础是密不可分的。然而韩国语命令句的研究仍然存在许多问题，命令句本体研究描写还有待细致化，解释还不充分；对比研究在数量和质量上远远低于本体研究的水平，研究范围固化，主要集中在韩英对比或对外韩国语教学上，研究层次也比较低，新的理论和方法的引进和使用也大大滞后于本体研究，提升空间很大。但是我们相信以如此丰厚的前人研究为根基，以如此快速发展的语言学理论和方法为后盾，韩国语命令句的研究必定能够更上一个新的台阶，取得更为瞩目的成果。

二 汉语祈使句的研究

汉语祈使句的研究，根据研究对象和研究方法的不同，可以大致从以下两个方面归纳：一是根据研究对象、范围和切入点的差异，从宏观角度加以分类的概括性研究；二是根据研究方法和视角的差异，从微观角度加以分析和解释性研究。

1. 从研究对象角度分类

汉语祈使句的研究，根据研究对象和切入点的不同，也可以大致概括为祈使句外部分类研究和祈使句内部特点研究两大类。

（1）汉语祈使句外部分类研究

马建忠（1898）指出汉语虚词中"勿""毋""无"等字具有禁止或命令作用，将汉语"谕禁之句"分为"谕令之句"和"禁令之句"两类，并指出祈使句句末通常以"也""矣""哉"等字结尾，句中以"其""勿""毋""无"等字为特征，主语通常省略。

黎锦熙（1924）首次提出"祈使句"一词，根据语气和助词归纳出"决定句""疑问句""商榷句""惊叹句"四类句子，将"决定句"和"商榷句"归入"祈使句"。指出"决定句"表语气的完结，包括"请求"或"劝阻"语气。"商榷句"表语气的商度，包括"揣度事理""自己裁量"和"向人商请"的语气。

金兆梓（1926）根据句子主词和表词间的意义关系，将汉语祈使句分为"直陈句""传感句""布臆句""询问句"四种"口吻"。指出

"布臆句"是向对面人倾布胸臆的，包括命令、祈求、颂祷、陈诉等"语吻"。他指出"由于这类句式大都是向对面人讲话，所以往往都是略去主词的"。然而这种分类"纯然是一种形式上的分别，而其实尽有不能照此分法，须按其语气而定"。

吕叔湘（1942）以语气为标准界定了祈使句的定义和范围。他就语气词的使用与否、是否重叠等区分了普通祈使句和强调祈使句，还按祈使句表意功能分为祈使句和禁止句。他对白话文中表祈使的语气词"吧、啊、呢"和文言文中表祈使语气的"其、惟、矣、哉"以及白话文祈使标记"请、愿、要"等作了举例说明和句法描写，并对白话文和文言文禁止句中语气词和禁止标记作了较为详尽的论述。但同时也指出祈使语气以听话人的行为为主，也有包含本人在内的时候，其中"刚柔缓急之异"可以造成"命令、请求、敦促、劝说"等分别，这种差别和语调有绝大关系。值得注意的是吕叔湘注意到"反诘性的问句"具有作"请求、讽谕、禁止"等功能，并把它作为祈使句的一个小类加以论述。这一点与黎锦熙（1924）的分类和描写不同。不仅如此，吕叔湘在论及商量语气时谈到，商量语气中"无待商议的建议"语气，"要是指'你'说，那就是祈使；要是指'我'说，就是宣布我的宗旨；要是包括双方，就是语气较为坚决的建议，也可以说是广义的祈使"。

王力（1944）将汉语语气分为四大类十二小类，认为凡表示命令、劝告、请求、告诫者，叫作祈使语气。根据句末是否加"罢"可以区分出祈使语气的强弱，加"罢"字，表示委婉商量或恳求，不加"罢"字，就往往表示非如此不可的意思。他认为禁止语可以算是一种消极的祈使，普通话用否定词"别"字，或借用能愿式"不可"二字，禁止语中"罢"字以不用为常。王力还就催促语气与祈使语气作了简要区分，指出催促语气很近于祈使语气，只是语气急些，因此也可以用"罢"字后面加"呀"。

高明凯（1945）使用"命令"这一术语，将祈使句放在"命令命题"中加以论述。他对比和总结了中西方"命令"研究的观点，将

"命令"分为强制的命令和非强制的命令两大类，指出前者包括谕令和禁令，后者可分为请求和劝告，并讨论了"命令词"、主语缺省以及间接命令的问题。他试图跳出语气分类的框架并借用西方理论对汉语祈使句进行探索和研究，对祈使句传统分类法无疑是一种挑战。

丁声树（1961）在论及语气时谈到了表祈使和禁止的"吧""了""啊"等语气词，他指出"吧（罢）"可以用于请求、劝告、催促、命令的句子，请求语气最缓和，命令语气最直率，并进行了举例说明。

陈望道（1978）主张从功能角度对句类进行分析和分类，认为"尽管句子是无穷无尽的，但是从功能着眼，扣住组织，按照一定标准，经过抽象概括，就可以对句子进行分类"。他指出"从写说的目的"来分，可以分为直陈句、询问句、期使句和感叹句。期使句是在乎期望别人有所行动，也就是在乎使令祈求。若句子出现主语，则通常出现的是对方的姓名或代词"你"或"汝""尔"等。

赵元任（1979）注重汉语的语法结构分析，他指出"动词性词语可以作为陈述句和命令句以及其他句法成分，命令也可以采用陈述句的形式，生活口语中还有物名做命令句的情况，用于买东西或类似的场合"。

石佩雯（1980）认为祈使句带有浓厚的感情色彩，他通过对四大句类的语调考察发现，"表现命令或禁止时，多不带语气助词，语气强硬、严厉。全句句调都高，音域较宽，重读音节的音长不增加但音量增强，音节短促、语速较快，句尾急促下降"；"表示请求或劝阻时，常常带有语气助词'呢'、'吧'、'了'、'啊'等，语气委婉柔和，全句语调较低，语速较慢，重读音节拉长且音量较轻，句尾舒缓地下降"。并且他指出带有"好吗""行吗"的句子不一定就是疑问句，也可以用来表示婉转的请求，这种祈使句大多全句语调较低，音节拉长，音量轻、语速慢，句尾先平后升。

胡明扬（1981）通过对北京话祈使句的语调和语气词进行实验和考察，总结出了汉语祈使句的许多语调特征，并以此为基础对汉语祈使句的语气意义和句法功能作出说明和解释。

　　朱德熙（1982）指出"从句子的功能来看，可以分为陈述句、疑问句、祈使句、称呼句和感叹句五类"，"祈使句的作用是要求听话的人做某事"。他单列一章论述疑问句和祈使句，指出祈使句主语一般是第二人称代词"你、您、你们"，且常常略去不说；谓语只能是表示动作或行为的动词或动词性结构；祈使句否定式一般用"别"和"甭"来表示，祈使句可以连用两个否定词；等等。朱德熙先生承认"句子的形式和功能之间的关系是错综的"，汉语中存在用疑问句形式表示祈使的句子。在论及语气时，他将语气词分为三组，其中第二组就是表疑问或祈使，将"呢"和"吧"按句法功能各分为"呢$_1$、呢$_2$"和"吧$_1$、吧$_2$"，其中"吧$_2$"是表示祈使的语气词。由此看来朱先生所说的语气应该是功能语气。

　　马松亭（1982）指出"祈使句是含有命令、禁止、请求等意思的句子"，这类句子是用来"要求或者希望别人做什么事或不做什么事的"。命令、禁止的语调急促沉重，请求、商量的语调比较缓和，句末常用语气词"吧"。

　　陆俭明（1982、1983）针对六十五个独用副词的使用情况和句法功能进行了分析，发现独用副词可以出现在五种情况下：问话、答话、接语、祈使句和自述句，并指出祈使句中可以出现的独用副词有：甭、别、趁早、赶紧。

　　贺阳（1992）将汉语的语气系统划分为功能语气系统、评判语气系统和情感语气系统三大类，将祈使语气归入功能语气系统，指出祈使句是"表示说话人要求听话人（有时也包括说话人自己在内）去做某事或不做某事"的句子，主语的性质、谓语的性质、否定词和副词限制，语气限制等都对祈使句使用产生影响。

　　范晓（2009）主张根据句子的语用目的来区分句类，指出"在汉语里，句子的语用目的或语气是通过语调或语气词表现出来的"，并将汉语句子区分为陈述句、疑问句、祈使句、感叹句、呼应句五类。他指出祈使句是"表示请求、命令、劝告、催促的句子，用祈使语气表示"。但是他的分类并未打破传统的语气分类法。

（2）汉语祈使句内部特点研究

刘月华（1985）认为祈使句"主要是从表达功能得名，是表示命令、请求或禁止、劝阻的句子"，并从功能角度考察了北京话肯定祈使句和否定祈使句的基本结构类型和语法特点，对祈使句主语隐现、谓语特征和特点、祈使句语调分别进行了分析和描写。

张伯江（1985）从否定祈使句式"别 X"和"别不 X"的结构特点出发，分析了能够进入这两个句式的谓语特点和整体语义特点等方面的异同。

马清华（1988、1995、2002）较为全面的总结了前人研究的贡献和不足，归纳界定了祈使句的定义和范围，对祈使句主语、语气词、语调、标点等进行了较为系统的分析，总结了祈使句在语音、形态、句法、语义上的典型特点。

彭可军（1990）针对"别+动""别+动+了""别+形""别+形+了"四种句式中"别"的使用和句法功能进行分析，指出"别"在祈使句中有以下两种意义：一是劝止或建议取消计划中的行为动作；二是叮嘱和告诫对方的作用。并且指出"别"在表达不同语法意义时对后面的动词和形容词有选择性。

韩孝平（1992）综合考察了祈使句主语人称、句法结构和句法功能，指出"由于祈使句的功能在于表达请求、命令、劝阻或禁止，此类句子的谓语只能是表示动作或行为的动词或动词性结构"，如"动词谓语句、连动句、兼语句、'把'字句"等，且祈使句的人称也只限于第一、第二人称。

袁毓林（1993）系统地总结了前人研究的成果，界定了祈使句的定义和范围，将祈使句分为肯定、否定、强调三大类进行句法语义角度的分析，对祈使句谓语的构成和特点进行了详细的分布描写，并着重研究了祈使句的相关句式，如动趋式、动结式、状态补语等，分析了汉语独词祈使句。

沈阳（1994）将祈使句主语省略分为两类，一类是 NP 通常都要省略，但必要时可以补出；另一类是 NP 通常都需要出现，但必要时可以省略。由此进一步将祈使句分为主语强制省略的祈使句和主语非强制省略的祈使句两类。

赵新（1994）从动词的重叠的作用和制约因素出发，分析祈使句中动词重叠的语义和句法限制，指出肯定祈使句动词重叠可以将"命令的语气变为请求的口吻"，使得句子显得"委婉有理"，但是否定祈使句中动词重叠受到一定限制，只能使用"AABB"动词重叠式。

商拓（1996）从话语结构、词汇替换以及语调变化角度讨论了现代汉语口语理想祈使句的表达，总结出理想祈使语气的基本要素是（1）话语的内容能够准确表达说话人的意图；（2）听话人能深刻理解话语的含义；（3）听话人能够接受说话人的祈使并能付诸行动。

王红旗（1996、1997、1999）对"别 V 了"祈使句的意义和动词的语义特征进行分析。他指出"别 V 了"可以表达"劝阻或禁止开始做某事""劝阻或禁止继续做某事""劝阻或禁止去除某个客体""提醒避免去除某个客体""提醒避免发生某件事""揣测某件事的发生"等六种意义。他将"别 V 了"句式分为"别 V_1 了""别 V_2 了"和"别 V_3 了"三类，指出 V_1 具有［+自由］［+述人］［+自主］［-获益］［-持续］的特征，V_2 具有［+自由］［+述人］［-自主］［+可控］［+持续］［-获益］的特征，V_3 具有［+动作/行为/变化/心理活动］［-获益］的特征，并以此对"别 V_1 了"的歧义现象做出了分化和辨析。

张谊生（1997）从句法、语义和语用三个层面分析了"把+N+Vv"祈使句的成句限制，他指出"祈使句是根据句子的语用功能划分出来的句类，任何一个进入祈使句的语言单位都要受到祈使句的语用约束"。他指出"把+N+Vv"祈使句的句法约束和语义基础是"动词重叠和'把'字句句法限制"以及"动词重叠产生的积极的、可以预料的动作或状态变化"；"'把'字祈使句中重叠的动词和处置对象 N 之间应该还有一些相对明确的语境提示作为支撑"是其语用约束。

朱景松（1998）指出"祈使句是动词重叠式出现的典型环境之一，动词重叠式大多具有或弱或强的祈使意味"。他分析了动词重叠在祈使句中的表义功能主要是"减弱动作、行为、变化的量"或"强化动作能动性"，他指出"强化能动性"是祈使句动词重叠式最根本的语法意义，并据此反驳了动词重叠式根本意义是表"尝试"的说法。

方霁（1999、2000）从语用角度阐述了祈使句的定义并将祈使句分为命令句、要求句、商量句和请求句四类，从说话者与听话者之间的关系、语气尾词、施为动词、祈使对象人称指示词等方面探讨了四类句子的异同点。

高增霞（2000）综合运用功能分析、言语行为理论、认知语言学的相关理论考察了现代汉语疑问祈使句的成句因素、性质、特点以及疑问祈使句的分类系统和反应系统问题。关于祈使句分类她认为句类划分的本质是从形式出发但以语用为目的，疑问祈使句的特点是由疑问型和祈使型嵌合而成的，根据构件完整性可将疑问祈使句下分为完全句和缺省句；根据祈使行为的性质可下分为言语动作行为句和认知动作行为句；根据句子使用意图可下分为真性疑问祈使句和假性疑问祈使句。她将言语行为句的反应系统分为回答和不回答两种情况，认知动作行为句可以根据［±动作］［±回答］分为四类。最后她提出五种"功能结特征"并分析了其来源和使用。

洪波（2000）以汉语祈使句的委婉表达为考察中心，从肯定祈使功能表达和否定祈使的特征和功能的表达两个方面讨论了汉语非核心祈使句的使用情况和限制。

曹忠军、祁玲（2001）从语用学角度阐述了现代汉语祈使句的定义，并运用言语行为理论对祈使句进行重新分类和研究，揭示了许多祈使句的语用原则以及信息结构等方面的特点。

王秀荣（2001）认为"说话人促使听话人按照自己的意图从一种行为状态转入另一种行为状态的言语行为"就是"祈使行为"，祈使句是"祈使行为"的一种表达方式。祈使行为在形式上可分为"直接祈使行为"和"间接祈使行为"，从表达意义差别上又可以分为命令、威胁、吩咐和建议等小类。他还考察了"获得预期效果的先决条件""说话者应参考的因素"等影响"祈使行为"实现的因素。

张云秋（2002）将汉语祈使句分为命令、禁止、请求、劝阻、商议和提醒等"口气"，并从祈使程度的强弱上分为口气强化式、口气中性式和口气弱化式等。他还考察了祈使句主语省略、语速快慢以及语气助词的隐现对祈使语气强弱的影响。

邵敬敏（2003）通过考察"别"字祈使句指出"别"字句有禁止、劝阻和祈求三种语法意义。从人称变换来看"别"字可用于主观否定和客观否定；从其否定项来看又可以分为对动作的否定和对状态的否定；熟语中很多"别"字可以单用，很多情况下是后项省略而单用"别"字。

焦蕊（2005）以祈使句双重否定式"别不X"为中心，考察了这一格式中"X"的特征、语义特征和感情色彩差别，以及整个格式的格式义和语用功能，认为这一格式的使用与预设、语用选择、空间距离、心理距离、信息结构等多方面因素有关。

赵微（2005）以言语行为理论为指导，系统讨论了指令行为和汉语祈使句的特征。她首先介绍了言语行为理论的来源、发展以及主要研究领域和方法问题，归纳总结了指令行为研究状况、分类、表达手段、操控度以及礼貌度等级，为汉语祈使句研究提供了全面可靠的理论基础和方法论基础。而后她针对指令行为实施手段之一的汉语祈使句研究概况进行分类总结，针对祈使句研究尚未解决的问题进行了有针对性的研究，从祈使句的性质、范围界定到语音、句法、句式、语义和语用问题进行了全面剖析，她运用言语行为理论的观点给祈使句作了新的定义和说明，最后总结了她的研究成果并指出有待深入研究的问题。

齐沪扬、朱敏（2005）指出现代汉语祈使句句末语气词的选择性，考察发现肯定式带语气词的比例高于强调式和否定式，其中肯定式多带"吧"和"啊"及其变体等；强调式多带"啊"及其变体；否定式常用"啊"及其变体以及"了"与"啊"的合音变体等，并进一步指出句末语气词的分布差异与祈使句类别和主语人称的标记性有关。

肖应平（2005、2007、2009）对祈使句的称呼语和辅助语进行研究，描写了祈使句上下文语境中的称呼语和辅助语，归纳了祈使句中出现的称呼语的主要类型以及主要功能，概括了祈使句的辅助语的位置和主要语义功能类型。通过实际语料分析了祈使句的自然焦点、对比焦点、话题焦点以及祈使句的话题，着眼于祈使句与陈述句的焦点和话题的比较，指出了祈使句的焦点和话题的不同表现。立足于祈使句时间表达系统的特殊性，分析了祈使句的时间特征，描写了祈使句中时间表达的语言形式，讨论了祈使句的时制、时态与其表达形式以及祈使句的时相及其动词时间结构等方面的特点。

朴阳淑（2008）从否定祈使句的句法功能出发，考察了汉语否定祈使句"体"的意义。他将汉语否定祈使句的句末尾词"了"分为表示完整体的"了$_1$"和表示变化体的"了$_2$"，指出"了$_1$"在［+意志］和［-意志］两种情况下表达禁止和警告的意义，"了$_2$"主要是要求变化的功能，即要求"动作停止""计划改变""阻止动作开始"等变化意义。

李圃（2010）总结了近三十年来现代汉语祈使及祈使句研究的状况并对这些研究做出概括性评价，他将近三十年现代汉语祈使及祈使句研究的总面貌可概括为两大派别、三个领域，即传统研究和言语行为理论的研究两大派别，祈使句的性质和语气研究、功能和结构类型研究、使用和习得研究三个领域。指出今后的研究要对传统方法进行突破和改进，研究时既要关注语言的形式和结构层面，又要考虑语境对语言意义和功能的影响，将静态和动态因素结合起来进行全面研究。他对祈使句的研究主要涉及以下方面：一是从功能角度重新界定了祈使句；二是提出"祈使元素"概念，并初步建立了祈使结构；三是分类考察了祈使句的形式、语义和语用特点；四是探讨了祈使句的具体使用策略和使用原则。

2. 从研究方法角度分类

汉语祈使句的研究，可以从不同的视角根据不同的标准分出多种类别。从宏观角度看，我们可以根据汉语祈使句研究的历史沿革和理论基础的不同将汉语祈使句的研究分为传统语法视角下的汉语祈使句研究、结构主义视角下的汉语祈使句研究、转换生成语法视角下的汉语祈使句研究、语用·言语行为视角下的汉语祈使句研究、对比与教学视角下的汉语祈使句研究、汉语祈使句的历时研究等。其实我们完全可以从汉语祈使句研究历史和进程角度来分类，因为汉语祈使句的研究历史和汉语祈使句研究方法发展史，两者不仅没有冲突，反而相辅相成。其中前者是纵向的、连续性的，后者是横向的、阶段性的。从微观角度看，我们可以根据研究领域和研究方法的差异将汉语祈使句的研究分为祈使句语音研究、祈使句语气研究、祈使句功能研究、祈使句句法研究、祈使句句式研究、祈使句语用研究等多个小类。下面我们将从宏观和微观两个角度对汉语祈使句和祈使句的研究作简要分析。

（1）汉语祈使句研究的宏观分析

如果从中国现代语言学的开端《马氏文通》算起，有关祈使句的研究已经经历了一百多年的历史。我们可以将汉语祈使句的研究状况粗略分为三个阶段：

成型期：19 世纪末—20 世纪 80 年代

发展期：20 世纪 80 年代—20 世纪末

繁荣期：21 世纪初—现在

这三个阶段虽然不是精确的、截然分开的时期，但是从汉语祈使句研究的数量、范围、方法上能看出其间明显的变化，为简便直接观察，我们对 20 世纪 80 年代以后的祈使句研究作了统计（参看图 2）。

统计共涉及期刊论文 129 篇，硕士学位论文 35 篇，博士学位论文 5 篇，专著 1 部。从图中能够很容易看出，虽然还未发现继袁毓林（1993）之后的相关专著，但是 2000 年以后有关祈使句的期刊论文、学位论文数量增长明显，特别是期刊论文增长速度最快，硕士学位论文和博士学位论文也层出不穷，可以看作祈使句研究的分水岭。这里需要指出的是 2010 年之后论文数量并未下降，因其时间较短（仅有两年时间），相较于其他时段总体数量肯定不会太多，但是仅 2011—

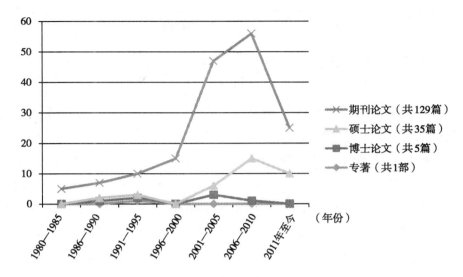

图 2 20 世纪 80 年代后汉语祈使句研究发展情况统计

2012 年内出现的学位论文就有 10 篇之多，期刊论文高达 15 篇以上，以此预计到 2015 年论文总量可能远远超过 2006—2010 年出现的论文数量。由此可以看出祈使句研究持续升温的趋势，同时也暗示着新一轮研究热潮的到来。

①汉语祈使句研究成型期（19 世纪末—20 世纪 80 年代）

汉语祈使句研究的成型期是指从汉语"祈使句"进入语言学家研究视野到祈使句定义、范围的初步确立为止的历史时期，这一时期是以《马氏文通》到《语法讲义》为起止点的，其中最具代表性的有：马建忠（1898）的《马氏文通》、石佩雯（1980）的《四种句子的语调变化》、金兆梓（1922）的《国文法之研究》、黎锦熙（1924）的《新著国语文法》、杨伯峻（1936）的《中国文法语文通解》、吕叔湘（1942）的《中国文法要略》、王力（1944）的《中国现代语法》、高明凯（1945）的《汉语语法论》、朱德熙（1982）的《语法讲义》等。

这一时期的研究虽然还不深入透彻，语言学家之间对祈使句的下位分类和范围界定也存在许多分歧，但是这些研究无疑确立了祈使句研究在汉语研究中的重要地位，奠定了祈使句研究的实践和理论基础。

②汉语祈使句研究的发展期（20世纪80年代—20世纪末）

祈使句研究的发展期是指从祈使句研究基础的初步确立到祈使句研究体系的逐步完善和发展的历史时期，这一时期的特点是祈使句研究的数量大幅增长、研究领域逐步扩大、针对祈使句的整体研究和专题研究明显增加。最具代表性的研究有：常俭（1981）、胡明扬（1981、1988）、陆剑明（1982、1983）、蒋平（1984）、丁恒顺（1985）、刘月华（1985）、张伯江（1985）、徐杰（1987）、郑远汉（1987）、常敬宇（1988）、赵永新（1988）、马清华（1988、1995）、彭可军（1990）、韩孝平（1992）、贺阳（1992）、劲松（1992）、袁毓林（1993）、沈阳（1994）、赵新（1994）、方霁（1995、1999、2000）、张家泰（1995）、李明（1996）、王红旗（1996、1997、1999）、商拓（1996、1997、1998）、王振来（1997）、张谊生（1997）、贾钰（1998）、沈炯（1998）、周元琳（1998）、朱景松（1998）、洪波（2000）、姜守旸（2000）、李大勤（2000）、全国斌（2000）等。其中集大成者要数马清华（1988）和袁毓林（1993）。

无疑，这些研究大大提高了人们对祈使句性质的认识和研究水准，观察角度更加多样化，研究方法更加细腻，研究结果更加准确。同时祈使句的一些新问题开始被人们发现并重视，新的分歧和争议再度涌现，祈使句的研究和解释亟待新的理论和研究方法的出现。

③汉语祈使句研究的繁荣期（21世纪初—现在）

祈使句研究的繁荣期是指从祈使句研究体系的稳定和成熟到现在广范围、多角度、高精度的研究时期。这一时期的汉语祈使句研究的特点是数量上急剧上升，研究领域不断细化并大幅扩展、研究方法不断革新并出现多样化趋势。最具代表性的研究有：曹忠军、祁玲（2001）、高美淑（2001）、郭淑慧（2001）、王秀荣（2001a）、薛玉萍（2001）、张爱民（2001）、马清华（2002）、张云秋（2002）、朱景

松（2002）、邵敬敏（2003）、宋春阳、李琳（2003）、张美兰
（2003）、樊德华（2006）、王建军（2007、2008）、王进（2009）、周
晓燕（2010）、李薛妃（2011）、胡颖（2007）、田爱美（2007）、朱培
培（2007）、周晓燕（2007）、李红霞（2009）、王建军（2010）、王志
强（2010）、肖强花（2011）、杨洁（2012）、于涛（2005）、王进
（2008）、赵东辉、徐青（2008）、万丽芳（2009）、谭海（2009）、方
岩（2010）、滕春艳（2010）、曾鸿燕（2010）、张嵩（2010）、肖阳
（2012）、付佳（2012）、金颖梅（2010）等。

这一时期的祈使句研究大部分是在已有成果的基础上进行的更为
深入的探讨和研究，很多是针对这一领域焦点问题或遗留问题的专题
探讨，观察视角多样，研究细致入微，大大弥补了以往研究的不足。
值得注意的是这一时期更加注重理论和方法的革新，新的理论和方法
不断得到引进和使用，以祈使句为依托对研究理论和方法的论述和总
结为将来全面综合研究打下了坚实的基础。

（2）汉语祈使句研究的微观分析

许余龙（2009）认为研究方法从宏观上可以分为理论框架和各种
具体的研究方法，每一种研究都是在一定的理论框架内完成的，每一
种研究方法的出现和使用都是以一定的理论为指导的。理论和方法不
分家，从广义上讲理论也是方法，方法就是理论。从狭义上讲理论是
宏观把握，方法是微观分析，因此汉语祈使句的研究可以从宏观上分
为历时研究和共时研究，共时研究又可以粗略的分为本体研究和对比
研究两类；微观上则可以分为多种具体的研究方法。

①汉语祈使句历时研究

我们对搜集到的三百余篇有关汉语祈使句研究的论文根据其等级
和发表时间进行了分类统计，得出从历时角度研究汉语祈使句的共26
篇，其中专著0部，博士论文2篇，硕士论文9篇，期刊论文15篇。
针对汉语祈使句历时研究的统计结果如图3所示。

从时间上来看，2000年以前发表的有关祈使句的历时角度的研究
只有3篇期刊论文，也未发现硕士、博士论文，2000年以后这一方面

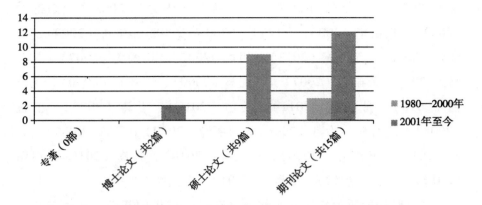

图 3　20 世纪 80 年代后汉语祈使句的历时研究情况统计

的期刊、硕士、博士论文数量骤然上升，例如张美兰（2003）、樊德华（2006）、王建军（2007、2008）、王进（2009）、周晓燕（2010）、李薛妃（2011）。其中硕士论文大部分是针对某一文学作品中出现的祈使句进行历时角度的考察，例如胡颖（2007）、田爱美（2007）、朱培培（2007）、周晓燕（2007）、李红霞（2009）、王建军（2010）、王志强（2010）、肖强花（2011）、杨洁（2012），极少数为针对某一历史时期的祈使句研究，博士论文只有于涛（2005）、王进（2008）两篇，且都只针对某一特定文学作品，未对祈使句进行全面系统的历时研究。由此看来汉语祈使句的历时角度的研究还有待进一步提升。

②汉语祈使句共时本体研究

根据我们的统计，针对汉语祈使句本身进行的共时角度的研究共有 115 篇（部），其中专著 1 部（袁毓林（1993）），博士论文 4 篇，着重从语调、句法和功能、指令行为等角度进行了系统研究，硕士论文 13 篇，期刊论文 97 篇。汉语祈使句共时本体研究统计结果如图 4 所示。

从时间上来看，2000 年以前只有 1 部专著，2 篇博士论文，1 篇硕士论文和 27 篇期刊论文，2000 年以后各领域论文数量急剧上升，虽然未出现新的专著，但是期刊和硕士论文总量比 2000 年以前翻了数倍，还出现了两篇运用新理论和方法来研究祈使句的博士论文。可

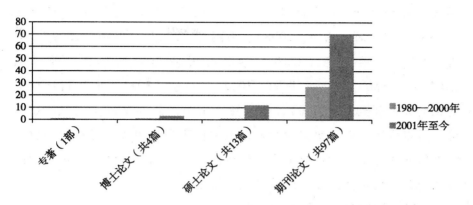

图 4　20 世纪 80 年代后汉语祈使句的共时本体研究情况统计

以看出，针对汉语祈使句本身的共时研究已经比较深入，新的理论和方法也在不断涌现。

③汉语祈使句共时对比研究

我们对汉语祈使句共时角度的对比研究作了统计，其中将汉语祈使句和外语进行对比的研究共有 15 篇，其中专著和博士论文均未发现，硕士论文 7 篇（其中英汉对比 2 篇，日汉对比 3 篇、俄汉对比 1 篇、韩汉对比 1 篇），期刊论文 8 篇。统计结果如图 5 所示。

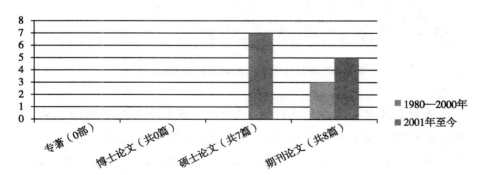

图 5　20 世纪 80 年代后汉语祈使句的共时对比研究情况统计

从时间上来看，2000 年以前只有 3 篇期刊论文，2000 年以后虽然期刊论文和硕士论文数量有所增加，但是几乎只是从功能和句法两个角度进行对比，新的理论和方法未得到应用，成果并不明显，并且

至今未出现对比方面的博士论文或专著。代表性研究有赵永新
（1988）、赵东辉、徐青（2008）、万丽芳（2009）、谭海（2009）、方
岩（2010）、滕春艳（2010）的汉英祈使句对比研究；曾鸿燕
（2010）、张嵩（2010）、肖阳（2012）、付佳（2012）的汉日祈使句
对比研究；郭玉玲（2000）、金颖梅（2010）的韩汉祈使句对比研究
等。可以看出，对比研究远远未跟上本体研究的步伐，对祈使句进行
汉外研究还有很长的路要走，如何将新的理论和方法运用到祈使句的
对比研究中也是摆在我们面前的巨大挑战。

　　④汉语祈使句研究的综合分析

　　我们根据汉语祈使句的研究领域和研究方法的不同对不同时期的
汉语祈使句研究做了粗略的综合统计和分析，统计结果如图6所示。

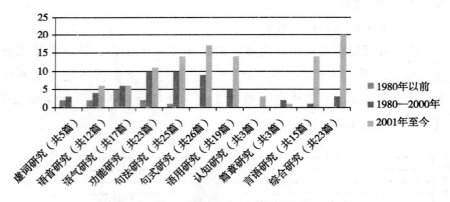

图6　汉语祈使句各研究领域的研究状况统计

　　从量上来看，20世纪80年代以前的祈使句研究数量较少，80年
代以后祈使句研究数量呈快速增长趋势，特别是2000年以后的研究
十分活跃，成果十分丰富。从质上来看，祈使句研究范围不断扩大、
研究内容的逐步细化、研究方法更加多样化。研究范围和内容上，20
世纪80年代以前的祈使句研究主要集中在虚词、语气和语音研究上，
其主流是语气研究；20世纪80年代至20世纪末的研究主要集中在功
能、句法和句式研究上，其主流是句式研究；21世纪初到现在的研究
主要集中在各角度综合研究上。从研究方法来看，2000年以前的研究

中结构主义的分布描写方法盛极一时，对汉语句类划分标准的确立和祈使句成分分析起到至关重要的作用。转换生成语法虽然看似对汉语语法研究存在排斥性，但是它对祈使句深层结构的解析和祈使句表层结构的生成具有不可忽视的作用，推进了人们对汉语祈使句的总体认识。2000 年以后学者们加强了对祈使句句法、语义和语用层面的综合考察，三个层面的研究方法对祈使句的观察更加仔细，描写更加充分。也许是由于指令行为与汉语祈使句的巨大相似性缘故，言语行为理论引入汉语研究之后，结合这一理论对祈使句进行的研究使得三个平面的语法研究更加富有说服力。此外，从认知、篇章、语言类型学等角度对祈使句进行分析并对间接祈使行为的使用和理解进行解释的研究也开始出现并不断增加。此外，通过汉外语言对比，以汉语祈使句分析为基础以对外汉语教学为目的的祈使句研究和教学研究也呈现良好的势头。

3. 汉语祈使句的研究现状

祈使句的研究历史比较长，前人研究成果也比较丰富，祈使句研究在汉语研究中的重要地位不可替代。根据我们对汉语祈使句研究的宏观把握和微观分析以及对统计数据的综合分析，可以看出祈使句的研究经历了由初期虚词研究的初步认识，到语气研究的广泛认可，再到三个平面研究的热潮与反思，最后到现在综合运用各种新的理论和方法研究的百家争鸣状态。特别是进入 21 世纪以后，祈使句研究范围逐步扩大，研究针对性大大增强。期刊和学位论文的数量大幅增加，研究方法也日趋多样化，祈使句研究中新的理论和方法的引进与使用也日益频繁，描写更具体深入，解释更科学可靠，研究成果十分丰富。这些研究方法和研究成果必然能为祈使句的深入综合研究打下坚实的研究基础、提供可靠的理论保障，也为人们深入了解祈使句的特性，在对外汉语教学中提高学生对祈使句的理解和综合运用能力提供坚强后盾。

然而遗憾的是祈使句的研究还存在很多难题，这些难题有些来自祈使句本身，而有些来自汉语总体研究遗留的问题。从汉语总体研究来看，主语问题、句类划分标准问题缺乏统一、有效的认识，研究方法固化、缺乏灵活性，句法分析方法比较匮乏，局限了祈使句研究的深度和高度。从研究对象上看，对祈使句的界定不十分明确，很多观点并未逃脱传统分类方法的束缚，很多研究就事论事不解决根本问题；间接祈使句的范围及其使用原则的规定和总结还不够；对主语省略、谓语的动作性要求的描写和解释还需加强；语用因素如何对祈使句的使用和选择造成影响等尚不明确更远未形成系统。从研究方法上来看，2000 年以前的研究大都是以划定祈使句的定义和范围为目的的概括性研究，受结构主义研究方法的影响明显，忽视了语义和语用层面的分析和解释，很多细节问题也未被注意到；2000 年以后的研究虽然增加了语义和语用层面的考察，对很多领域的观察也比较仔细，描写也相对比较充分，但是祈使句研究主体上还未挣脱结构主义的框架，很多研究都提到语用研究可就是找不到相关研究结果，边缘研究者多，核心研究者少，甚至陷入循环论证的怪圈。

鉴于上述分析，我们认为今后的祈使句研究应当着力解决如下几个问题：一是祈使句与陈述句等其他三类句子的本质区别是什么，用语气作为划分句类的标准是不是唯一正确的方法，如果不是，还有什么系统的、可操作的办法用于划分汉语句类？二是祈使句有无主语可言，如果有，那么祈使句的主语与话题、施事、听者之间的关系是怎样的，如何理解和解释祈使句主语经常省略的现象？三是如何解释祈使句动作性谓语的要求和制约，间接祈使行为有哪些实现方式，这些间接祈使句是杂乱无章的还是有规律的？如果是有规律的组合，他们与直接祈使句有何关联？四是语气助词和语调在祈使句中作用有多大，他们是如何起作用的？

令人欣慰的是我们发现有很多新的理论和方法在不断被运用到祈使句研究中，新的理论和视角下的研究数量也呈快速增长的态势，这些研究虽然暂时涉及面比较小，研究也比较分散，但是足以让人们看到祈使句的另外一面，也足以激励语言研究者在祈使句研究方面的兴趣和勇气。我们相信，随着语言材料的不断充实，随着语言学理论和分析方法的不断更新和完善，随着一代又一代学者的孜孜不倦的追求和研究，真理迟早会呈现在我们面前。

三　韩汉祈使句的对比研究

从韩国语与外语对比研究的领域来看，主要集中在对外韩国语教学研究上。韩英祈使句对比研究的数量最多，代表人物有박영예（1990）、홍혜성（1997）、김미나（1997）、성화수（2005）等。其次是韩日祈使句对比研究，代表人物有김태호·김종복（2010）、박현덕（2010）等。韩汉祈使句的对比研究很少，至今为止只有정민주（2003）、이명희（2010）、김가람（2011）、陶冶（2011）的四篇论文。汉外对比方面，祈使句对比研究领域主要集中在语用和言语行为角度的研究。其中汉英祈使句对比研究数量最多，有赵永新（1988）、赵东辉、徐青（2008）、万丽芳（2009）、谭海（2009）、方岩（2010）、滕春艳（2010）等，其次是汉日祈使句对比研究，有曾鸿燕（2010）、张嵩（2010）、肖阳（2012）、付佳（2012）等。汉韩对比研究很少，至今为止只有郭玉玲（2000）、金颖梅（2010）的两篇论文。

从研究内容和方法来看，郭玉玲（2000）从祈使句会话应用角度切入，将祈使句分为负担型祈使句和利益型祈使句，针对各类祈使句的回答分析其异同点。정민주（2003）以言语行为理论和交际策略为指导，以韩国语"要请"言语行为的表现和使用为对象，分为直接和间接行为两种分别调查，并提出教学建议。이명희（2010）以言语行为理论为指导，以对外韩国语教学为目的，对汉语圈韩国语学习者的言语行为使用和教学进行了研究，并进行了偏误分析，提出了教学方案。김가람（2011）以言语行为理论为指导，以韩国语高级学习者电子邮件中的"要请"行为为对象进行调查分析，探讨了"要请"言语行为的教学和学习方法问题。陶冶（2011）以言语行为理论为指导，从语用角度切入针对韩汉请求表达的使用状况进行了对比分析，并从社会语言学角度做出了解释。金颖梅（2010）以对比语言学的理论为基础，从句法、语义、语用三个层面分析分析了韩汉肯定祈使句的主

语、谓语和祈使句语用特征等问题，并考察了韩国语祈使句终结语尾语与汉语祈使句语气尾词的对应情况。

韩汉语祈使句的对比研究，取得了不少成果，但局限性也显而易见，祈使句内部和外部的很多问题有待发现和解释。

首先，从韩汉祈使句外部来看，虽然两种语言间各句类功能基本对应，但句类划分的标准不一，各句类之间形式和功能重叠交叉、错综复杂，间接言语行为形成了对句类划分标准的挑战。祈使句成立的条件和范围，祈使句的本质特征需要进一步界定和明确。

其次，从韩汉祈使句内部分类系统来看，由于侧重点和划分标准的不同，祈使句内部分类系统存在不小差异。韩汉祈使句应如何进行下位分类，有多少次类等问题还需进一步研究。

再次，从韩汉祈使句内部结构特点来看，韩国语和汉语是系属不同的两种语言，祈使句主语的隐现、谓语的构成、肯定与否定祈使句的不对称等方面可能存在差异，这就要求我们必须对韩国语和汉语祈使句本身进行更为深入全面的分析和总结，同时对两种语言的共性和个性特征进行全面的分析和解释。这些都是本书的努力方向。

第三节　研究对象和范围

言语行为理论的诞生似乎为句类划分的标准提供了新的思路，Austin（1962）认为人类言语发话同时伴随着三种行为，即话语行为（locutionary act）、话语施事行为（illocutionary act）和话语施效行为（perlocutionary act），分别用来代表发话行为本身、发话者发话方式和意图以及发话后带来的效果，其中话语施效行为按施效方式或意图又可以分为裁决型（verdictives）、行使型（exercitives）、承诺型（com-missives）、行为型（behavitives）、阐述型（expositives）五类。

Searle（1969）通过比较言语行为相互区别的 12 个侧面，特别是其中"言外之的（illocutionary point）""适从向（direction of fit）""所表达的心理状态（expressed psychological state）"将言外行为分为阐述类

（representatives）、指令类（directives）、承诺类（commissives）、表达类（expressive）、宣告类（declarations）等五大类和若干小类。

Katz（1977）按语义标记（semantic markers）将言语行为分为邀请行为（requestives）、忠告行为（advisives）、感情表达行为（expressives）、许诺行为（permissives）、义务行为（obligatives）、解说行为（expositives）、规定行为（stipulatives）、断言行为（assertives）等八类。

对于"指令类"言语行为行为内部分类的研究，Searle（1969）将指令类分为请求、忠告和建议等，指出指令类言语行为的言外之的是"说话人试图使听话人做某事"，适从向是"↓客观世界→话语"，心理状态（诚意条件）是"希望、愿望"，适切条件为：

1）命题内容规则

命题出现在一个句子或比句子更大的语段之中，这一命题言及说话人将要做的一个动作。

2）准备规则

说话人相信听话人有能力做这一动作。

说话人和听话人双方都不认为这一动作是听话人在此情况下通常所要做的。

3）诚意规则

说话人真心想要听话人去做这一动作。

4）根本规则

说话人设法使听话人去做这一动作。

Gotz. Hindelang（1983）按说话者意图将指令类言语行为分为"要求"和"禁止"两大类，根据约束性的有无将"要求"类分为"约束性要求"和"非约束性要求"，这两种"要求"又分为许多次类。

表 1 　　　　　　Gotz. Hindelang（1983）指令类言语行为分类

指令类言语行为	要求	约束性要求	正当要求	委任、指示、命令、指令、要求、言明
			不正当要求	胁迫、强制、牵制、君主命令
		非约束性要求	听者受益要求	指导、忠告
			双方受益要求	希望、提议
			话者受益要求	请求
	禁止			

　　据此我们可以将直接祈使行为与间接祈使行为区别开来，即可以将用祈使句表达祈使意义的直接祈使句与用陈述、疑问、感叹等句子表达祈使意义的间接祈使句区别开来，换句话说，首先将祈使类言语行为分为直接祈使句和间接祈使句两大类，而后分别分出肯定式和否定式两类。

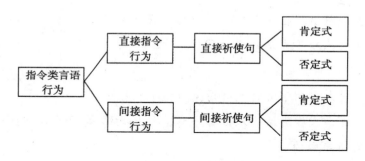

图 7　指令行为与祈使句对应情况

　　关于祈使句的表义功能分类，김선호（1988）将祈使句意义分为"命令、要求、依赖、请求、希望、许可、招呼、拜托、劝诱、提议（案）"等十类。채영희（1982）根据听者与话者之间的关系以及行为要求的程度将祈使句分为"祈愿、请愿、依赖、拜托、提案、要求、命令"等七种。김종영（1998）根据约束性有无将祈使句分为"约束性要求"和"非约束性要求"两大类，而后根据要求内容的明示性将"要求"分为"明示性要求"和"含蓄性要求"。조남신（2003）按照"动作动机发出者的不同""受惠主体的差异"以及"权

势地位高低"三个标准将韩国语祈使句分为以下六个等级。

表 2　　　　　　　　조남신（2003）韩国语祈使句意义分类

动机发出者	受惠主体	上位权势	祈使句分类标准 祈使意义	
话者	话者	话者	命令	行为性使役
话者	话者	听者	要求	
话者	听者	话者	指示	
话者	听者	听者	提案	
听者	听者	话者	许诺	许诺性使役
听者	听者	听者	忠告	

　　关于汉语祈使句的研究，袁毓林（1993）首先在去除语境影响的前提下，从表义功能上按照祈使句语用功能将祈使句分为肯定式、否定式和强调式三大类，并按祈使语气委婉程度将肯定祈使句分为命令句、建议句、请求句，将否定祈使句分为禁止句、劝阻句、乞免句，同时指出强调式祈使句应当包括肯定强调式和否定强调式两类。

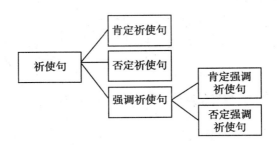

图 8　袁毓林（1993）祈使句功能分类

　　综合以上分类，我们本着形式与功能相对应的原则，以言语行为的宏观分类为指导，参照袁毓林（1993）对祈使句的分类，先从祈使范畴中分出直接祈使句和间接祈使句，按照语言基本范畴分类他们都可以继续下分为肯定和否定两大类。虽然强调、省略等现象原本分属于肯定和否定祈使句内部，但鉴于强调、省略等手段的使用给祈使意义造成的巨大差别，且其基本构成方式与一般的肯定、否定祈使句没有多大差异，我们分出"强调祈使句"一类，并将它与肯定祈使句、否定祈使句放在同一层面加以论述。由于"强调祈使句"中肯定式与否定式之间很多层面的不对称性，我们不再区分"肯定强调祈使句"和"否定强调祈使句"两类，只在必要时以"肯定式"和"否定式"加以区别。单纯从句法形态角度看，间接指令行为对应的间接祈使句并不在传统句法分类下的祈使句当中，但从语义和语用功能角度看，应该放在祈使句研究之列，因此我们列出间接祈使句一类，并将其分为肯定式和否定式两个次类加以分析，用来观察和总结陈述句、疑问句、感叹句表达祈使意义时的共性和个性特征，以便对韩汉祈使句产生客观整体的认识，进行全面深入的解读。本文将祈使句分类系统整理如图 9 所示。

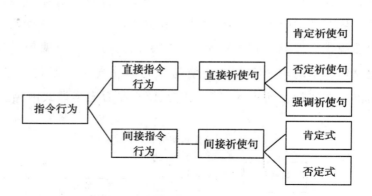

图 9　指令行为与祈使句对应关系及其下位分类

我们可以再按照诚意条件、指令执行者差别、上下位关系等将韩汉语祈使句所表达的意义从言语行为角度分为两个大类、四个次类、六个小类。首先按照诚意与否，即话者是否发出一句发自内心的话语且这句话包含了话者真心希望实现的某一意图，并且是否由听者个人或者话听双方一起将该话语的内容加以实现，依此将祈使句分为肯定祈使句和否定祈使句两大类；其次按照指令执行者的不同，即执行者是听者或话者单方还是包括听者与话者在内的集体大众将肯定祈使句和否定祈使句分别分为单方执行类和集体执行类共四个次类；最后听者或话者单方执行时按照上下位关系的不同分别分为强制类和非强制类两个小类，而包含听者与话者在内的集体执行类由于一般都是非强制性的，因而不再下位分类，因此共得到六个小类。由此标准许多疑似祈使句如威胁、警告、许诺等因为不符合诚意条件均可被排除在外①，具体分类如表 3 所示。

表 3　　　　　　　　　　　　　祈使句意义分类

诚意条件	肯定祈使句			否定祈使句		
指令执行者	单方执行类		集体执行类	单方执行类		集体执行类
上下位关系	强制性	非强制性	非强制性	强制性	非强制性	非强制性
祈使意义	命令、要求、指示	请求、希望、提醒	建议、提议、倡议	禁止、制止	防止、乞免	阻止、劝止

以上分类虽然不能排除主观性，但是对于祈使句下位分类以及各类祈使句内部特点的分析和描写是十分有意义的。

需要说明的是，这里的"间接祈使句"是指用陈述句、疑问句、感叹句等句子表达祈使意义的句子，并非传统句法研究中带有"使、令、叫、让"等所谓间接祈使标记的句子。这里所说的"祈使"是宏观概念，文中的"韩国语祈使句"包括韩国语传统句法分类上的"命令句"和"共动句"两类。为叙述方便，我们将"直接祈使句"简单称作"祈使句"，将韩国语"命令句"和"共动句"统一纳入"祈使句"这一称谓当中，只在必要时加以区分。

---

① "威胁、警告"类句子发话者意图并不是真心实意想要实现话语中所说的意图，而是一般另有所指；"许诺"类句子发话者可能的确真心实意希望实现话语中所说的意图，但该意图的实施者一般是话者个人或集体，而不是听者个人或集体，也不是话听者双方，故而可以排除在外。

第四节　理论基础和研究方法

一　理论基础

本书主要采用语用学言语行为理论和认知语言学、语言类型学的相关原理对韩汉语祈使句进行分类分析和对比，对其共性和个性特征进行归纳和解释。涉及较多的语言学理论有言语行为理论，主观性和凸显，省略以及语言类型学对分析型、形态型、词汇型使成式的分类方法等。

1. 言语行为理论

著名哲学家维特根斯坦（1953）在"语言游戏"理论中指出，我们用语句可以做许许多多的事情，解决哲学问题要通过语言分析，语言是人的一种言语行为，要在言语行为中寻求语言的意义。范晓（2003）认为说话是言语行为或言语活动，指出说话作为人类生活中最常见、最普通的社会现象，是人们用语言来交际和交流思想的行为活动。钱冠连（2005）、钟守满（2008）认为人类的活动分肢体活动、心智活动、言语活动三种，除了部分生理自发行为可以脱离言语，其他行为尤其是以言语来执行的行为，终究都是寄生在言语行为之上的。

言语行为（verbal behavior）这一术语，最早在 1923 年由英国人类学家马林诺夫斯基（B. Malinowski）提出和使用。他从人类学角度出发，通过某一民族的文化生活和风俗习惯来观察语言的功能，认为语言不只是思想的信号，而更多的是行为方式的展现，行动中的语言和语义是思想的活用。奥斯汀（Austin）从 1939 年开始关注施事话语（performative utterane），指出人说出的话语不仅是提供信息，而且相当于行为，即说话就是做事，语言用之于行。20 世纪 50 年代他用语法标准、词汇标准或语法词汇标准来判定是施行话语还是记述话语。奥斯汀（1962）认为人类语言发话同时伴随着三种行为，即话语行为（locutionary act）、话语施事行为（illocutionary act）和话语施效行为

（perlocutionary act），分别用来代表发话行为本身、发话者发话方式和意图以及发话后带来的效果，用公式来表示就是"经由说 X 并且做了事情 Y，我做了事情 Z（by saying X and doing Y，I did Z）"。其中话语施效行为按施效方式或意图又可以分为裁决型（verdictives）、行使型（exercitives）、承诺型（commissives）、行为型（behavitives）、阐述型（expositives）五类。

　　Searle（1969）指出言语行为的研究和句义的研究不是两种独立的研究，句义的研究和言语行为的研究在原则上没有区别，他将言内行为进一步分为话语行为（utterance act）和命题行为（propositional act），指出前者是说出单词、句子这一行为，而后者是通过所指词语和谓语所实施的"谈及"和"谈述"这两种行为，将言语行为放到语言交际层面上加以论述，他把语言的使用看作受语言规则制约的有意图的行为，并区分了言语行为中的调节性规则和特征性规则①，从而将"语言"和"言语"这两个方面的研究紧密结合起来。他通过比较言语行为相互区别的 12 个侧面，特别是其中"言外之的（illocutionary point）""适从向（direction of fit）""所表达的心理状态（expressed psychological state）"将言外行为分为阐述类（representatives）、指令类（directives）、承诺类（commissives）、表达类（expressive）、宣告类（declarations）等五大类。塞尔把言语行为理论看作一种解释人类语言交际的理论，并且塞尔明确表示，这是施事行为的分类而不是施事动词的分类。

　　Ross（1970）注意到言语行为句中的简单陈述句和显性施为句有着共同的句法特性，Sadock（1974）提出高层施为句假设（higher performation hypothesis），认为所有的句子或含有一个显性施为小句，或含有一个删略的施为小句。J. Katz（1977）基于对施为句和表述句的

---

　　①　Searle（1969）指出调节性规则是对独立地存在于规则之外的行为或活动的调节，例如礼仪规则；构成性规则是其本身构成或产生了某种形式的行为或活动，违反了构成性规则，这种行为或活动便不存在了，是行为、活动所依赖的规则。（参看何兆熊（2000：98））

划分，建议把句子类型与以言行事的分类联系起来，解释词汇内容和句法结构如何用来说明句子的言语行为潜势（potential）及满足条件。

Grice（1975）指出说话者采取的更为模糊的、暗指的言语行为方式叫隐含（implicature），并区分了隐含的两种方式，即规约隐含（conventional implicature）和非规约隐含（unconventional implicature）。规约隐含的情况下，听者可直接以语言知识理解说话者的语义；非规约隐含的情况下，说话者采用某些方式包装他的语言，使得听者必须通过语境等其他背景方能理解话者的意思。

Brown 和 Levinson（1978）提出的"面子保全论（face-saving theory）"指出了礼貌对言语交际的影响。他将"典型人"的"面子"分为"积极面子（positive face）"和"消极面子（negative face）"，并指出很多言语行为（例如命令、请求、提醒、建议、劝告、威胁、警告等）本质上是威胁面子的，礼貌原则的使用就是减轻这些行为本身对对方"积极面子"或"消极面子"的威胁，进而提出了"面子威胁行为（face-threatening act）"。为此，Brown 和 Levinson（1987）还提出礼貌策略，指出说话者为顾及对方"面子"而表达礼貌时通常会采用不同的方式，如"完全直接（bald on-record）""积极礼貌（positive politeness）""消极礼貌（negative politeness）"和"委婉间接（off-record indirect）"等方式。

Leech（1983）通过分析间接言语行为的使用原因和含蓄、间接表达的意图后，将语用原则分为"人际修辞（interpersonal rhetoric）"和"篇章修辞（textual rhetoric）"，指出"合作原则（cooperative principle）"和"礼貌原则（politeness principle）"属于人际修辞，将言外行为分为"竞争类""和谐类""合作类"和"冲突类"四大类。其中"竞争类"指的是语言的言外功能与社会目标相互竞争的那一类言外行为，包括"命令、请求、要求、乞求"等。Leech（1983）还根据说话人和听话人（包括第三者）之间"惠"和"损"的关系提出"策略准则""宽宏准则""赞扬准则""谦虚准则""赞同准则""同情准则"六项礼貌准则，其中"策略准则"经常用于指令行为，是礼貌原则的根本。

R. Dirven、M. Verspoor（1998）基于奥斯汀和塞尔的言语行为分类，从语用认知类型分类角度切入，认为应当将言语行为分为"传播与寻求信息的信息性言语行为（如断言、描述）""给自己或别人施加义务的义务性言语行为（如指令、承诺）""构成社会现实的构成性言语行为（如表达、宣告）"。

此外，随着言语行为理论的不断发展和引入，国内学者对于言语行为的重视程度也在不断加深。除了以顾曰国（1984）、段开成（1988）、郭津揩（1989）等针对奥斯汀、塞尔等言语行为理论的介绍、借鉴、评判等多方面研究以外，结合汉语实际的实证研究也在日益增多，如刘光淮（1989）、辛斌（1999）、李庆生（2001）、林波（2002）等对交际意图、交际认知特性方面的研究，王松亭（1998）、房红梅（2001）对言语行为的隐喻特点的研究，张绍杰和王晓彤（1997）、孙淑芳（2001）、王爱华（2001）、黄永红（2001）、曲卫国和陈流芬（2001）等从语言文化对比角度对言语行为的研究，苗兴伟（1991）、李旭霞（1999）从篇章分析角度的研究，严世清和陈腾澜（1998）、冉永平（2002）、钟守满（2008）从语义认知角度的言语行为研究等。这些研究在言语行为结构描写与解释、言语行为动词分析与分类、跨文化多角度语义分析和认知语用分析方面做出了巨大贡献，不仅是言语行为理论的有价值的补充，也是未来汉语言语行为研究的良好基石。

2. 主观性、凸显与省略

认知语法认为主观性（subjectivity）是指语言表达中包含着讲话人的态度和情感，即话语中含有的讲话人"自我表现"的成分，与主观性息息相关的两个重要因子就是主观化（subjectification）和语法化（grammaticalization），主观化主要研究语言为表达这种主观性如何采用相应的结构形式加以编码，或语言结构形式如何经过演变而获得表达主观性的功能。狭义的语法化主要是指"实词虚化"，广义的语法化还包括篇章、语用、概念和事件结构的语法化。王寅（2006）总结了 Lakoff（1980）、Hopper & Traugott（1993）、Langacker（2000）等的观点后指出语法化是从认知角度阐述实意性词语和表达式（以及典型的概念结构）在语言发展过程中能够逐渐演变虚化（或显性）成为稳定的语法标记或手段、抽象语法构造或惯用表达的过程和结果。主观性与语法化、主观化正相关，语法化程度越高，主观化程度越高，主观性越强；反之则主观化程度越低，主观性越弱。主观性一直存在于所有事件和语言表达之中，实意动词演化为情态词或助动词便是很好的例子。

认知语法认为人类能够集中注意力、确定焦点的认知能力是"凸显"的认知基础，"凸显"与"背景""视角"等相互依存、密切相关，语法构造在很大程度上被认为是"话者对周围环境进行的概念化过程的反映"，即注意力的"凸显"原则。拿情态词来说，Lightfoot（1982）指出，情态动词从"物理力量"到"社会力量""情态力量""道义力量"的演变，由于"力量"仅在于人们的心智活动之中，因此讲话人的主观识解得到凸显。

韩国学者강연임（2005）曾就省略问题做出系统整理和研究并指出了省略的对象、意义和动因。他将省略的功能分为四大类，即①强调功能；②信息传递有效性功能；③语言经济性功能；④强化表层结构或深层结构内部黏连性。他还将省略发生的动因归结为①脉络（环境）意义自明性；②信息结构意义自明性。其中脉络（环境）意义自明性，包括语言环境、场景环境、社会关系环境三类。信息结构的意义自明性主要是指信息结构的构成和新旧关系，信息结构主要是由语言信息、场景信息和认知信息三类信息构成，三者构成三角函数关系，相互依存、相互制约。

3. 使成式的语言类型分类

Comrie（1988）在讨论世界语言的使成结构时，按照宏观使成情景的表达形式和微观结果情景的表达形式之间的形式联系，将使成式划分为分析型使成式、形态型使成式、词汇型使成式三种类型的连续体。分析型使成式的典型情形是表达使成概念和表达结果各有独立的谓语形式，例如英语"cause somebody to go"中"cause（导致、造成）"和"go（去）"，动作和结果是分开的。形态型使成式有以下两个特点：第一，使成谓语通过形态手段跟非使成谓语发生联系，例如通过词缀或其他形态手段；第二，这种把使成谓语跟非使成谓语联系起来的手段具有能产性，土耳其语就是典型的例子。词汇型使成式是指那些结果表达形式和宏观使成表达之间的关系缺乏规律性，只能作词汇处理且不具有能产性的情形。最明显的例子是词汇的异干交替。三种类型的分类不是截然分开的，而是相互联系的连续体。这一划分对本书韩汉祈使句谓语的分析和对比提供了很好的参照和依据。

二　研究方法

本书旨在总结前人研究成果的基础上，以言语行为理论为基础，对韩汉祈使句进行分类，运用结构主义分析方法对祈使句的基本句法构成进行分析，并从对比角度对韩汉肯定祈使句、否定祈使句、祈使句强调表达手段、间接祈使句等方面分析和对比韩汉祈使句在句法、语义、语用层面上的共性和个性特征。具体来说，首先对前人研究进行梳理和总结，找出韩汉祈使句研究的成果和遗留问题，以言语行为理论为指导，参照前人研究分类确定韩汉祈使句下位分类和韩汉祈使句对比的共同基础和框架；其次以广泛的语料调查和分析为依据，运用对比语言学相关知识，归纳和总结不同类别韩汉祈使句在主语和谓语的构成差别和特点、祈使句强调表达手段的运用、间接祈使句的异同等方面存在的特点和规律；最后结合言语行为理论、省略和主观化等理论对韩汉祈使句共性特征作出解释，找出个性因素出现的动因。

第五节　语料来源

本书所使用的语料主要来自以下几个部分：

一是引用前人研究成果中附录部分或者正文中出现的句子和词语，主要集中在汉语祈使句的谓语构成部分；

二是作者通过语料库查找到的语料，主要包括汉语语料、韩国语语料以及韩汉—汉韩对译语料三类。

第一类，汉语语料主要来源于"北大语料库（CCL）"，先按照索引要求和汉语祈使句标记特点找出其中的祈使句，例如汉语否定祈使句一般带有"别"或"不要"等标记，依此查找尽管不能穷尽所有祈使句，但经过作者手工确认也能够覆盖90%以上，肯定祈使句因为标记不太明显，覆盖率低一些，占75%左右。

第二类，韩国语语料主要来源于"21世纪世宗计划语料库（21세기 세종계획）"，由于韩国语语尾形态比较发达，查找起来相对容易一些，但也有一小部分需要手工查找，例如有些带有祈使句语尾但并非祈使意义的需要刨去，覆盖率在95%以上。

第三类，韩汉—汉韩对译语料主要来源于"至善语料库"和对译小说。其中韩汉对译语料主要来自韩文原版小说《九刺鱼》（《가시고기》金莲兰译）和《无情》（《무정》洪成一等主编），约合韩文字35万字，汉韩对译语料来自中国小说《野火春风斗古城》（《옛성에서 휫몰아치는 불길》李英儒译），约合汉字35万字。

第二章

韩汉肯定祈使句的构成与认知语用特征

第一节　韩国语肯定祈使句的构成及其认知语用特征

一　主语的基本构成及其认知语用特征

由于叙法分类观点的差异和祈使句范围界定的不同韩国学者对祈使句主语的构成持不同观点。박금자（1987）指出韩国语祈使句的主语一般由第二人称代词（单数和复数）构成①，김선호（1988）指出第一人称代词复数也能构成祈使句主语②。前者一般构成韩国语传统句类中的命令句式，后者一般构成共动句式。我们将命令句和共动句包含于祈使句范畴，因而韩国语祈使句的主语应该包括上述两种情况。举例③来看，韩国语肯定祈使句的主语通常由以下成分构成。

---

① 박금자（1987：89）에서는 명령문은 주어가 2인칭，혹은 적어도 "감추어진 2인칭"에 한정된다고 하였다.（박금자（1987：89）指出命令句主语限于第二人称或者至少是"被简略化的第二人称"。）
② 김선호（1988：103-104）에서는 "행위요구월에는 임자말이 나타나지 않으나 들을이와 "우리"가 임자말이 된다."라고 하였다.（김선호（1988：103-104）指出祈使句主语虽然不出现，但一般是听者或"我们"。）
③ 以下例句中除了（4）出自《至善语料库》之外，（1）—（5）均转引自고성환（2003）中出现的例句。

（1）第二人称代词单数主语

    a）너 잠깐 기다려.
    b）자네 이 퇴계 선생에 대해서 얘기해 보게.
    c）당신 술이나 한 잔 받으시오.

（2）第二人称代词复数主语

    a）너희들 좀 나가 있어라.
    b）자네들 이리 와 보게.
    c）당신들 알아서 하세요.

（3）"指人名词/团体名词+主格助词/补助词" 构成的主语

    a）형님, 형님은/형님이 직접 하세요.
    b）재혁이는 잠깐만 기다려라.
    c）정부는 수해 방지 대책을 세워라.

（4）由 "여러분" "모두" 等词构成的主语

    a）여러분들은 대금 지불 영수증에 따라 수속해 주십시오.
    b）적들이 곧 접근할 것이니, 모두들 응전 태세를 갖추
어라!

（5）部分疑问代词构成的主语

    a）누가 좀 나가 봐라.
    b）아무나 좀 와 봐라.
    c）아무도 이거 만지지 마라.

表4			韩国语祈使句主语构成情况			
构成类别 单复数	第一人称	第二人称	指人名词性成分			
			定指	不定指	全指	
单数		너 자네 당신	机构名称（정부） 职位名称（대통령）	누구 아무		
复数	우리	너 희 들 자네들	某一类特定人群（수험생들 만천하 독자）		여 러 분 모두들	

　　韩国语祈使句第一、第二人称主语问题上不存在争议，但在是否存在"第三人称主语"上略有分歧，主要是韩国语祈使句中"-（으）시"的主体尊敬功能和祈使句中是否存在"第三人称主语"的问题，고영근（1976）、김승곤（1986）、김선호（1988）等认为"-（으）시"是对第三人称主体的尊敬，韩国语祈使句中应该存在第三人称主语。

（6）韩国语肯定祈使句第三人称主语

　　　　a）만천하독자여, 꼭 읽으시라. （고영근（1976））
　　　　b）수험생들은 타종과 즉시 문제지만 갖고 나가라. （고영근（1976））
　　　　c）고등학교여 길이길이 빛나라. （李相揆（1985））

　　채영희（1982）认为以上例句中所谓"第三人称主语"从意义上看只是将听话者范围限定为"读者、考生、高中"等，祈使句主语仍为第二人称①。박영준（1991）认为"-（으）시"是对"作为主语的

---

　　① 채영희（1982：174）에서는"이는 들을이가 단지 '독자'와 '대한의 용사'로 지정된 것일 따름이지, 물론 이 말을 동작으로 행할 들을이만 듣는 것은 아니나 행동을 요구하는 말하는 이는 들을이에게만 요구하는 것이다"고 생각하여 주어는 여전히 2인칭으로 인정하였다.（채영희（1982：174）指出这只是由于听者被指定为"读者"和"大韩的勇士"，当然虽然祈使话语不只是作为动作的执行者的话者听到，但是听者是话者指定的唯一动作执行者，因此主语仍然是第二人称。）

听者"的尊敬,而所谓"第三人称代名词做祈使句主语"实际上是主语的"拟人化"和"人称化",即也认为主语依然是第二人称。仔细分析能发现上面a)和c)两句的主语其实是呼语性质,而b)则是复句,不管祈使句主语位置出现还是不出现,出现的是第二人称还是第三人称,都是作为听者出现的。Levinson(1983)、Clark 和 Carson(1982)根据听话者的语用角色(listener role)将听话者分为听者(addressee)、消极对话参与者(side participant)和外部听话者(over hearer)三类。박영순(2007)在 Levinson(1983)听者分类的基础上,进一步按语用角色将听话者分为听者兼话者、积极听者、消极听者和一般对话参与者等四类①。依此分析韩国语祈使句的主语,必须具备做出行为的能力②,一般是积极听话者且经常省略,也可以是消极听话者、听者兼话者和一般对话参与者但一般要出现,这里的"天下的读者们""考生们""高中"应该属于消极听者或一般对话参与者之列,因而形式上是第三人称,功能上仍是听者,且一般不可省略。

二 谓语的基本构成及其认知语用特征

채영희(1982)、최경자(1985)、박금자(1987)、조성훈(1988)、박영준(1991)、고성환(2003)等指出韩国语肯定祈使句的谓语一般可以由动作动词(V)、动词性结构(VP)构成。形容词一般不能单独构成肯定祈使句谓语。例如:

(7)韩国语肯定祈使句中形容词单用作谓语

a)밤은 깊어라.

b)한가위만 같아라.

---

① 박영순(2007:87)에서는 청자의 역할에 따라서 청자 겸 화자,적극적인 청자,소극적인 청자,단순 대화 참여자 등 네가지를 분류하였다.(박영순(2007:87)指出根据听者在话语中的作用将听者分为听者兼话者、积极听者、消极听者、一般对话参与者等四类。)

② 金興洙(1988)指出作为祈使句主语的经验主体必须具备做出行为的能力。

　　c）신세대가 되는 길은 멀고도 <u>험해라</u>.

　　以上形容词构成的韩国语句子，虽然使用了祈使句的终结语尾，但并不是表示祈使或命令，而一般表感叹、祈愿或警告。这些形容词为数不多，主要有以下几个：

（8）非祈使义类韩国语肯定祈使句形容词谓语

　　이다 좋다 같다 길다 멀다 없다 깊다 곱다 부럽다 굳세다
　　고맙다 뜨겁다 지겹다 무섭다 어떻다 이렇다 그렇다 즐겁다
　　험하다 용하다 딱하다 고독하다 침착하다 불쌍하다 공손하다
　　불결하다 끔찍하다 작작하다 난감하다 죄송하다 행복하다

　　动词和动词性结构可以比较自然地构成韩国语肯定祈使句的谓语。例如：

（9）韩国语肯定祈使句动词和动词结构谓语

　　a）무슨 일인지 빨리 <u>응답해라</u>. (<21 세기 세종계획>)
　　b）아이를 <u>살려 주십시오</u>. (<가시고기>)
　　c）여기엔 내가 있을 테니 <u>다녀오시게</u>. (<가시고기>)

　　我们按照祈使句语尾形态①的不同对 21 世纪世宗计划语料库中出现的动词和动词性结构进行了统计，整理后得出以下自动词（结构）和他动词（结构）可以用于构成韩国语祈使句谓语。

（10）韩国语肯定祈使句自动词（结构）谓语

　　오다 가다 앉다 서다 눕다 뛰다 걷다 속다 숨다 묵다 되다

---

　　① 据我们统计，祈使句语尾形态中"-아/어/여"和"-아/어/여라"数量最多，"-(으)세요"数量次之，再次为"-(으)렴/-(으)려무나""-게나"数量很少。

있다 오르다 내리다 덤비다 자라다 떠나다 움직이다 모시다
죽다 나가다 나오다 바라다 들어가다 돌아가다 물러가다
걸어가다 다가가다

（11）韩国语肯定祈使句他动词（结构）谓语

a）单音节
하다 잡다 보다 찾다 쏘다 놓다 받다 팔다 닦다 갈다 알다
감다 달다 사다 깎다 쓰다（写、戴、使用）뚫다 먹다 벗다
두다 주다 내다 빼다 얻다 찢다 입다 밀다 걸다 묻다（问、埋）
읽다 벌다 찍다 넣다
b）"하다"类
준비하다 지원하다 말하다 기록하다 포기하다 몰입하다
공부하다 정복하다 단장하다 설득하다 기억하다 계속하다
정리하다 접근하다 부탁하다 이해하다 창조하다 연락하다
체험하다 선발하다 발표하다
c）他动词结构
（삶을）살다（잠을）자다（견학을）오다（유학을）가다
（윷을）놀다（줄을）서다（숨을）쉬다（웃음을）웃다
（울음을）울다（그네를）뛰다（고비를）넘다（운동장을）
돌다（밤길을）걷다（한옆으로）비키다

　　从构成形态上来看，韩国语肯定祈使句谓语主要由他动词或他动词性结构构成，自动词和自动词性结构也可以构成韩国语祈使句谓语，但数量相对较少。从表义功能来看，他动词或他动词结构构成的韩国语肯定祈使句主要是用来表达"处置某一事物或事件"，自动词或自动词结构构成的韩国语肯定祈使句主要是用来表达"发出某一动作或行为"或"保持或进入某一状态"。
　　韩国语祈使句谓语上不能添加过去时制语尾"-았/었-"或认识

样态素①"-겠-""-느-"等，例如：

（12）韩国语肯定祈使句谓语时制问题

    a）＊빨리 응답했어라.

    b）＊아이를 살려 주겠으십시오.

    c）＊여기엔 내가 있을 테니 다녀오느시게.

    채영희（1982）、박금자（1987）、서정수（2006）、박양숙（2008）指出祈使句是话者"以发话时为基准，要求听者在发话以后的时间内作出行动"，因而不能使用过去时制语尾，而祈使句中"-겠-"不能出现的原因是"表将来时的'-겠-'与祈使句要求的'一会儿'等短时将来不符"造成的。

    김선호（1988）指出动词或动词性结构能够成为祈使句的谓语取决于动作主体能否介入动作，即动作能动性的有无以及动作主体对动作的制驭可能性。고성환（2003）指出虽然韩国语传统上按照祈使句成立与否区分动作动词和状态动词，而后将动作动词分为自动词和他动词、主动词和被动词等，但作为动作动词之一的被动词在祈使句中一般都受到限制，而状态动词（形容词）也不是完全不能构成祈使句。例如：

（13）韩国语状态动词（形容词）构成的肯定祈使句

    a）몸이 튼튼해라.

    b）좀 솔직해라.

    c）너 좀 착해라.

---

    ① 关于"-겠-"和"-느-"，안명철（1983）和임홍빈（1984）将它们看作认识样态素加以论述。고영근（1985）将它们作为时制形态素加以论述。고성환（2003：87）认为如果把它们看成时制语尾则无法解释它们在命令句中的限制，因为从逻辑上来讲命令句动作的时制就是发话当时或发话之后进行的动作，与上述两个语尾并不冲突。

这类形容词还有如下一些：

（14）韩国语肯定祈使句中的形容词谓语

꾸준하다 냉정하다 솔직하다 고정하다 공손하다 과감하다 관대하다 느긋하다 신중하다 상냥하다 나태하다 튼튼하다 착하다 부지런하다 조용하다 성실하다

对于这一点，고영근（1976）、李太旭（1985）、조성훈（1988）、고성환（2003）等认为由于这些形容词词干后添加了"하다"使得该形容词"动词化"或者"具备了动词的功能"；박금자（1987）① 认为由于形容词词干与其后的"하다"分离性比较强，致使这种形容词很容易转成"튼튼해져라""착해져라"等自动词形式，主张将该类形容词看作"不规则动词"。

其实，观察可以看出，这些形容词基本都是形容人的褒义形容词，而且前面一般能加上副词"좀"，证明性状变化幅度不大，既然是关于人的性状，就具有一定的［+述人］性，在该性质、状态的维持或变化中人力能够有所作为；既然是褒义的，就在一定程度上符合祈使句的诚意条件，即话者真心希望听者实现话语中传达的意图，因此也能构成肯定祈使句谓语。

---

① 박금자（1987：73）에서는 피동적인 의미의 "튼튼해져라, 착해져라" 등이 서술어에 쓰임으로써 명령보다는 기원의 의미를 갖게 된다고 하고 "부지런, 조용, 성실" 등은 분리성이 강한 불규칙어근으로 동사로 전성되기 쉬운 특이적인 어휘이라고 하였다. 즉 "부지런해라, 조용해라, 성실해라" 등의 서술어는 불규칙동사로 인식하였다. （박금자（1987：73）指出将被动意义的"结实化""善良化"等做谓语，表达的是祈愿的意义而非命令，"勤奋、安静、诚实"等是（与'하다'）分离性较强的不规则词干，是比较容易转成动词的特殊词汇，即将"勤奋点、安静点、诚实点"中的谓语看作不规则动词。）

第二节　汉语肯定祈使句的基本构成
及其认知语用特征

一　主语的基本构成及其认知语用特征

朱德熙（1982）指出汉语祈使句的主语一般由第二人称代词（包括单数和复数）"你""您""你们"或第一人称代词复数（包括式）"我们""咱们"等构成。赵贤德（2006）指出祈使句的主语有潜主语和显主语之分，潜主语一般是"我"，即"我求/要求/命令你 VP"格式中的主语，潜主语一般不出现，显主语有两种情况，一是代词性主语，二是名词性主语。赵微（2005）指出话题化的主语可以由"指人名词""定中短语""的"字短语等具有指称性的名词性成分[①]构成，还可以由"各位""大家"等集体名词来构成，有时疑问代词"谁"也可以构成祈使句的主语。王书贵（1995）指出第一人称代词单数、第三人称代词一般不能直接构成祈使句主语。我们将汉语祈使句主语的构成整理如下：

（15）汉语肯定祈使句第二人称代词单数主语

　　a）打呀，李太太，<u>你</u>倒是打呀！（曹禺《日出》）

　　b）太太，您脸上像是发烧，<u>您</u>还是到楼上歇着吧。（曹禺《雷雨》）

（16）汉语肯定祈使句第二人称代词复数主语

　　a）<u>你们</u>可快来，我都懵了……（王朔《顽主》）

---

① 赵微（2005：146-148）指出祈使句话题很少由人称代词充当，在大多数情况下是由各种名词性成分（包括名词、名词性短语、代词等）充当的。

　　b） 您们请慢用！

（17）"指人名词""定中短语""的"字短语构成的主语

　　a） 王伟留下，其他同学可以走了。
　　b） 这位同志跟我来一下。
　　c） 刚来的站这边。

（18）"各位""大家"构成的主语

　　a） 各位慢走，我话还没说完。（至善语料库）
　　b） 大家都走开，我来对付他。（北大语料库）

（19）"谁"构成否定祈使句主语

　　a） 今晚谁都别走，我请客！
　　b） 谁去把门关一下。（马清华（1995））

（20）第一人称代词复数主语

　　a） 我们放风筝去！（曹禺《北京人》）
　　b） 好了，咱们别闹了。（万方《一夜风流》）

我们将汉语祈使句主语构成情况整理为表 5 所示。

表 5　　　　　　　　　汉语祈使句主语构成情况

构成类别 / 单复数	第一人称	第二人称	指人名词性成分		
			定指	不定指	全指
单数		你、您	姓名、定中短语	谁、哪位（个）	

构成类别 单复数	第一人称	第二人称	指人名词性成分		
			定指	不定指	全指
复数	我们、 咱们	你们	的字短语		大家、 各位

范晓（1998：247）指出，祈使句的主语通常是指令对象，由于在语境中后者是确定的，往往就是听话人，因此在面对面说话时主语常常略去不说。沈家煊（2002）指出祈使句主语施事要做的事正是说话人想要他做的事，或者是说话人自己也想做的事，因此祈使句表现出说话人和主语施事之间的某种"认同"，祈使句的主语也常叫作"言者主语（speaker subject）"。赵微（2005）指出祈使句的主语应由动作的施事充当，这个施事可以由不同的词语表达（人称代词、名词性词语等），也可能省略或隐含。第一人称复数包括式代词的使用是汉语祈使句主语的特点之一，方梅（2005：63）指出，"包括式人称代词表明说话人与听话人具有共同利益、休戚相关，而作为功能虚化的结果—包括式代词单指受话人，则是对受话人心理感受的关注，可以拉近交际双方的心理距离"。宛新政（2008：20）指出人称代词具有人际功能，不仅能体现讲话人对所说内容的态度，还能表明讲话人的社会地位以及他（她）对听话人的态度。

我们认为汉语祈使句主语一般既是听话者又是祈使行为发出者，也就是说要成为祈使句的主语必须是能够听得懂对方的祈使言语，又能够执行祈使任务的生命个体，而不能是无生命个体或超自然现象，而第一、第二人称代词不同于第三人称代词的一个重要特点就是只指人不指物，它要求作谓语的动词必须有［+述人］的语义特征，即具有"生命性"和"能动性"特征，因而第二人称听者作为祈使句主语正巧合适。当然有时话者也会作为祈使句主语的一部分参与祈使行为的实施，但是只能作为集体听者的一部分，假如话者单独作听者就只能是"自言自语"，不能构成典型的祈使句。除此之外，极端情况下第三人称代词也能构成祈使句主语，但那时的第三人称主语已经被话者"假定"为在场的实际听话者，即"拟人化听者"。

二　谓语的基本构成及其认知语用特征

朱德熙（1982）、袁毓林（1993）、王书贵（1995）、马清华（1995）、张谊生（1997）、朱景松（1998）、高增霞（2000）、屈正林（2004）、赵微（2005）、田爱美（2007）、范建华（2009）等指出，汉语肯定祈使句的谓语通常可以由动词、动词性结构来构成。王书贵（1995）指出判断动词、存现动词、感知动词、能愿动词等非自主动词、非可控动词、非述人动词皆不能做肯定祈使句谓语①。袁毓林（1993）指出肯定祈使句谓语主要是可控的自主动词或动词性结构。例如：

（21）构成汉语肯定祈使句谓语的自主动词②

> 看 瞧 望 瞅 瞄 见（会~）听 闻 吃 喝 吞 咽 嚼 咬 啃 吐（tǔ）
> 啐 喷 吸 呼 抽 吹 舔 尝 亲 吻 仰 拿 取 抓 捏 握 摸 捞 找 寻 摘
> 抹 搽 揉 搓 拍 掰 刻 卷 撩 揭 结 解 安 竖 放 搁 提 举 推 拉
> 拽（zhuài）
>
> 参观 点头 回头 磕头 拥抱 动手 放松 握手 鼓掌 散步 转弯
> 前进 倒退 动弹 依靠 祝福 干杯 设法 正法 化装 留心 出列
> 溜号 解绑 负责 携手
>
> 躲藏 休息 睡觉 洗澡 漱口 理发 刷牙 洗脸 化装 打扮 装作
> 收拾 治疗

---

① 王书贵（1995：60-65）指出非动作动词一般都不能用于祈使句中，大概有以下几种：（1）判断动词"是"；（2）表示存在与否的动词"有、没有"等；（3）感知动词"以为、认为"等；（4）绝大部分能愿动词。

② 参看袁毓林（1993：30-33），他根据《北京话单音词词汇》《普通话三千常用词表》和《常用字和常用词》中常用词的进行再分类得出自主动词和非自主动词词表以及自主形容词和非自主形容词词表。

（22）汉语肯定祈使句中的动趋式

　　a）"V来"类：

　　~来：派来 拿来 找来 叫来 拉来

　　~出来：叫出来 调出来 说出来 站出来 提出来

　　~进来：搬进来 叫进来 躺进来

　　~过来：请过来 拉过来 拿过来

　　~回来：吃回来 找回来 带回来 送回来

　　~起来：藏起来 捆起来 收起来 担起来 吊起来 拿起来 抬起来
举起来 站起来

　　b）"V去"类：

　　~去：出去 下去 上去 回去 进去

　　~出去：贴出去 拉出去 支出去 滚出去

　　~上去：开上去 送上去 钻过去 冲进去 带回去

　　c）"V上/下"类：

　　~上：闭上 接上 捆上 带上 穿上 换上

　　~下：吃下 蹲下 趴下 放下 摘下 留下 低下

　　d）"V到/走"类：

　　~到：放到 用到 开到 找到 回到 做到

　　~走：架走 带走 逃走 轰走 撵走 放走

　　e）"V出/开"类：

　　~出：开出 说出 取出

　　~开：打开 闪开 躲开 分开 放开 离开 散开 抛开 滚开 拆开

（23）汉语肯定祈使句中的动结式

　　a）"VCO"类

　　"V住O"类：堵住 挺住 闭住 记住 抓住 站住 逮住 握住 拦
住 顶住

"V 掉 O" 类：撤掉 扔掉 烧掉 卖掉 敲掉 刮掉

"V 到 O" 类：碰到 听到 找到 猜到 借到 买到 抢到 弄到 见到

"V 紧 O" 类：抓紧 堵紧 关紧 加紧

"V 好 O" 类：站好 治好 休息好 教育好

"V 其他 O" 类：听懂 学会 救活 猜中 逗笑 做成 叫醒 拿走 赶跑

b) "V 个 O" 类

来个中碗炸酱面 打个招呼 见个面 想个办法 来个火 送个信

c) "V 点 O" 类

出点血 花点钱 带点衣服 干点事 给点水 喝点水 买点花生米 留点情 积点德 长点眼力见

（24）汉语肯定祈使句谓语中的"V 着"式

袁毓林（1993）指出了"V 着"句式存在三种意义，即①要求听话人进入某种状态，其预设为听话人本没有处于该状态；②要求听话人保持某种状态，其预设为听话人正在改变原来所处的某种状态；③要求听话人回到原来所处的某种状态，其预设是听话人已经改变了原来所处的某种状态。

我们认为现代汉语"着"至少应该包含以下三种意义：①动作的伴随义；②动作的反复义；③状态的持续义。举例来看主要对应以下三种不同的结构：

a) V 着 V （动作伴随义）

躺着吃 坐着看 走着读 蹲着想 趴着听 跟着走 跪着求 接着说 拉着跑 抱着睡 倒替着干……

b) V 着 O （动作反复义）

说着话 扫着地 敲着锣 喊着口号 张罗着结婚 顺着这条线索 沿着这条路 踩着油门……

　　c）（X）V着（状态持续义）

　　放着 收着 搁着 开着 留着 坐着 扛着 穿着 盖着 写着 住着 种着 养着 腌着 泡着 听着 盼着 提着 瞧着 垫着 记着 等着 看着 盯着 坐着 站着 躺着 歇着 等着 待着 穿着 带着 盖着 拿着 背着……

　　d）类中动作反复意义的"着₂"构成"V着O"格式，一般不能构成祈使句，而通常是构成陈述句；a）类中动作伴随意义的"着₁"组成"V₁着V₂"格式可以作祈使句谓语，其中"V₂"才是核心动词，且"V₁"和"V₂"的动作可同时进行互不矛盾；c）类中表示状态持续意义的"着₃"组成的"V着"结构可以直接做肯定祈使句谓语，这里的"V"一般具有［+可持续］的特点。

　　除了以上动词和动词性结构之外，部分形容词也能做肯定祈使句谓语。例如：

（25）形容词构成汉语肯定祈使句谓语

　　a）灵活点。
　　b）诚恳一些。
　　c）老实点。

　　这类形容词一般是［+述人］［+自主］［+褒义］的形容词，而且不是单独构成肯定祈使句谓语，而是组成"A（一）点（儿）/些"形容词结构。这些形容词还有如下一些：

（26）通过组合可以构成汉语肯定祈使句谓语的形容词

　　灵活 诚恳 老实 谦虚 虚心 小心 规矩 认真 和气 厉害 温和 严肃 勇敢 冷静 大胆 客气 严格 文明 文雅 活泼 干脆 爽快 热情 朴素 大方 坚决 坚强 勤快 勤劳 主动 自觉 踏实 努力 积极 乐观 高兴 快乐 快活 痛快

袁毓林（1993）指出句法上是［+述人］的，语义上［+自主］的，语用上［+褒义］的形容词或形容词结构也可以进入肯定祈使句。不仅如此，以下［-褒义］、［-自主］甚至是［-述人］形容词也能进入"A（一）点（儿）/些"格式做肯定祈使句谓语，但双音节居多。

（27）汉语肯定祈使句谓语中的［+述人］［-自主］［-褒义］形容词

丑 累 笨 蠢
不幸 疲乏 辛苦 心慌 恐慌 丑陋 难看 愚蠢 懦弱 凶恶 残酷
残忍 可笑 可怜 隐现 可怕 可恶 可恨 痛苦 悲哀 冤枉 倒霉
疲倦 厌倦 疲劳 平凡

（28）汉语肯定祈使句谓语中的［-述人］［-自主］［+中性］形容词

大 小 高 低 长 短 粗 细 远 近 宽 窄 厚 薄 深 浅 多 少 方 圆
扁 尖
简单 复杂 具体 抽象 好听 难听 清晰 模糊 正确 错误 普遍
特殊 一般 个别 宝贵 低贱 优良 低劣 普通 稀罕 方便 麻烦
有用 无用 清洁 肮脏

做祈使句谓语的这些形容词结构不再单纯表示"性质或状态"的意义，而是表示"性质或状态的变化"意义，即"话者相信听者有能力在维持或改变形容词所述性质或状态的过程中发挥一定的作用"，因而具有了一定的动作性。除了上述"A（一）点（儿）/些"格式之外，通过在这些形容词结构前添加适当的情态词组成"情态助词+形容词"结构也能做祈使句谓语。例如下面（28）中的"A（一）点（儿）/些"结构可以替换为（34）中的"情态助词+形容词"结构。

（29）汉语肯定祈使句谓语中的"A（一）点（儿）/些"结构

　　要小心点 要客观些 要谨慎点 应该老实点 应该坚强点
　　要硬朗点 要干脆点 要慢点 要快点 一定注意点 必须客观点
　　应该灵活点 要痛快点 可以具体点 必须冷静点 要自爱点

（30）汉语肯定祈使句谓语中的"情态助词+形容词"结构

　　要小心 要客观 要谨慎 应该老实 应该坚强 要硬朗 要干脆
　　要慢 要快 一定注意 必须客观 应该灵活 要痛快 可以具体
　　必须冷静 要自爱

　　祈使句谓语构成十分复杂多样。祈使句谓语可以由自主动词、动词性结构、动结式、动趋式和少量形容词与形容词结构等构成。其中，自主动词中单音节动词数量虽多，但能够单独构成祈使句谓语的比较少。形容词单独作祈使句谓语的虽然很少，但形容词结构做祈使句谓语时十分灵活。从表义功能来看，自主动词中的及物动词和动结式动词结构构成的汉语肯定祈使句主要是用来表达"处置某一事物或事件"，自主动词中不及物动词、动趋式动词结构、"V 着（zhe）"式动词结构以及形容词和形容词结构构成的汉语肯定祈使句主要是用来表达"发出某一动作或行为"或"保持或进入某一状态"两种意义。

　　汉语祈使句具有"时间性"特点。汉语祈使句从功能上讲是话者要求听者发话当时或将来做或不做某事的句子，因而祈使句一般是主动态和未然时态，过去时和被动态无法进入汉语肯定祈使句。

　　汉语祈使句还具有"动作性"特点。袁毓林（1993）根据谓语动词的述人性、可控性、自主性特点对能够构成祈使句谓语的动词进行分类，指出祈使句谓语的述人性是指谓语具有能用来说明人的动作、行为、变化或状态的语义特征，而所谓可控性有两种意思，即（1）动作者可以有意识地发出或不发出某个动作、行为（如"拿、问、搬、骂"）；（2）动作者可以有意识地避免某种通常在无意识中发出的动作、行为（如"忘、怕、落、丢"），指出语义上动作发出者有意识的发出的动作行为是自主动词（如搀、劝、送、吃），而无意识中发出的动作行为是非自主动词（如跌、丢、误、嫌），因而他进一步指出具有［+述人］［+可控］［+自主］特点的动词能够比较自然地做肯定祈使句谓语。

第三节　韩汉肯定祈使句的认知语用特征对比分析

一　韩汉肯定祈使句主语认知语用特征异同

从韩汉肯定祈使句主语的构成来看，两种语言差别很小，都主要由第一人称代词复数、第二人称代词单数和复数构成，第三人称代词一般不能构成祈使句主语。指人名词性成分可以通过"拟人化"或"第二人称化"比较有限制地做祈使句主语，肯定祈使句多用定指名词性成分，而不定指和全指名词性成分多用于否定祈使句主语。但是由于韩国语和汉语句类划分上的差异，韩国语第一人称代词复数作主语的祈使句一般使用共动句来表达，而汉语并不区分第一人称代词复数作主语的祈使句和第二人称代词作主语的祈使句。

从韩汉肯定祈使句主语的特点来看，两种语言差别也不大，肯定祈使句主语一般是听者且是祈使动作的施事。此外话者与听者共同施事的情况下也可以构成祈使句主语，但祈使意义要相对委婉。话者单独施事构成主语时，构成的不是祈使句而是意志句。传统语法将意志句归入陈述句一类，其实意志句的主语与祈使句除了在人称上存在差别外，其他特点与祈使句相同，因而有时第一人称代词单数构成的意志句也可以用来表祈使句意义，只不过这种句子的祈使意图不是话者直接言明的，而是需要听者根据发话语境做出推理和判断的。

表 6　　　　　　　　　**韩汉祈使句主语构成对应情况**

判别标准	分类对象		
指令执行者	听者单方执行		话听者双方共同执行
上下位关系	强制	非强制	非强制

判别标准	分类对象		
祈使意义	命令、要求、指示	请求、希望、提醒	建议、提议、倡议
韩国语肯定祈使句主语	너、너희들	당신、자네、자네들、누구	우리、모두들、여러분、表示特定机构、职位、人群的名词短语
汉语肯定祈使句主语	你、你们	您、诸位、各位、谁、哪位	我们、咱们、大家、人的姓名以及表示特定人群的名词短语

　　以上分类体现了话者与听者之间割舍不断的密切联系。祈使句中听者一般作为实施祈使行为的主体，或者单独或者与听者共同实施某一行为，听者在祈使句中的主体地位不可替代。那么话者此时是什么作用呢？Austin（1962）指出人类言语发话同时伴随着话语行为（locutionary act）、话语施事行为（illocutionary act）和话语施效行为（perlocutionary act），分别用来代表发话行为本身、发话者发话方式和意图以及发话后带来的效果，Searle（1969）进一步用"言外之的（illocutionary point）""适从向（direction of fit）"和"所表达的心理状态（expressed psychological state）"来界定人类言语行为。从祈使句定义来看是"话者要求听者做某事"的句子，由此看来话者此时作为"幕后使者"，决定了"发话行为"本身，同时控制着"话语施事行为"和"话语施效行为"。祈使句话者的"言外之的"即祈使句传递的祈使信息（或目的），"适从向"一般是客观事实适从主观意愿，"心理状态"表达了话者感情上的急切或委婉或强制的程度。这里祈使句话者的"言外之的"可以分为三大类，即"话者中心主义""听者中心主义"和"双方（集体）中心主义"，话者的"言外之的"与话者"心理状态"密不可分，"听者单方行事类"下的"强制类"发话一般是"话者中心主义"的，即发话目的是满足话者自身需求，"听者单方行事类"下的"非强制类"发话一般是"听者中心主义"的，即发话目的是满足听者自身需求，"话听双方共同行事类"下的"非强制类"发话一般是"双方（集体）中心主义的"，发话目的是满足大家的需求。

二　韩汉肯定祈使句谓语认知语用特征的类型学阐释

从构成形态上来看，韩国语肯定祈使句谓语比较单纯，主要由他动词或他动词性结构构成，自动词和自动词性结构也可以构成韩国语祈使句谓语，但数量相对较少。汉语肯定祈使句谓语比较复杂多样，祈使句谓语可以由自主动词、动词性结构、动结式、动趋式和少量形容词与形容词结构等构成。其中，自主动词中单音节动词数量虽多，但能够单独构成祈使句谓语的比较少。形容词单独作祈使句谓语的虽然很少，但形容词结构做祈使句谓语时十分灵活。

从表义功能来看，他动词或他动词结构构成的韩国语肯定祈使句主要是用来表达"处置某一事物或事件"，自动词或自动词结构构成的韩国语肯定祈使句主要是用来表达"发出某一动作或行为"或"保持或进入某一状态"。而汉语中自主动词中的及物动词和动结式动词结构构成的汉语肯定祈使句主要是用来表达"处置某一事物或事件"，自主动词中不及物动词、动趋式动词结构、"V 着（zhe）"式动词结构以及形容词和形容词结构构成的汉语肯定祈使句主要是用来表达"发出某一动作或行为"或"保持或进入某一状态"两种意义。

从韩汉肯定祈使句谓语的特点来看，无论祈使句谓语是动词、动词性结构还是形容词和形容词结构，都具有［＋生命］或［＋述人］、［＋自主］或［＋及物］或［＋褒义］的特点，［＋生命］［＋述人］的要求来源于祈使句发话对象不能是物体只能是能够听得懂人类语言的人这一基本要求，［＋自主］［＋及物］的要求来源于祈使句施事必须具备能够控制自己行动、思想和情感以及处置事物的能力的前提条件，［＋褒义］既是肯定祈使句中话者对听者状态的主观意志性的体现，也是肯定祈使句诚意条件的必然要求。

从类型学视角来看，正如祈使句主语的"生命度"差别一样，"高生命度"要求在韩汉祈使句谓语上体现也很明确，祈使句谓语的生命度并不只是体现在动词的自主性和可控性上，还体现在形容词上，这也就能够说明为什么高自主性的形容词也能做祈使句谓语。祈使句谓语构成的合适程度从绝大多数自主动词到有限的形容词逐步缩小的特点体现了生命度极差给韩汉祈使句谓语带来的巨大影响，这一点在韩汉肯定祈使句中均有体现。

所不同的是，韩汉语肯定祈使句并不隶属于同一个类型的祈使。Comrie（1988）在讨论世界语言的使成结构时，按照宏观使成情景的表达形式和微观结果情景的表达形式之间的形式联系，将使成式划分为分析型使成式、形态型使成式、词汇型使成式三种类型的连续体。分析型使成式的典型情形是表达使成概念和表达结果各有独立的谓语形式。形态型使成式有以下两个特点：第一，使成谓语通过形态手段跟非使成谓语发生联系，例如通过词缀或其他形态手段；第二，这种把使成谓语跟非使成谓语联系起来的手段具有能产性。词汇型使成式是指那些结果表达形式和宏观使成表达之间的关系缺乏规律性，只能作词汇处理且不具有能产性的情形。最明显的例子是词汇的异干交替。虽然三种类型的分类不是截然分开的，但这一划分对本论文韩汉祈使句谓语的分析和对比提供了很好的参照和依据。从韩汉祈使句谓语构成上看，韩国语通过添加词缀等形态手段扩展祈使句谓语，且这种手段的能产性很强，属于典型的形态型祈使句；汉语祈使句谓语复杂多变，显得没有什么规律性，而采用词汇的异干交替扩展谓语，属于典型的词汇型祈使句。当然这里的分类也不是绝对的，韩国语祈使句谓语中也有异干交替的现象，汉语祈使句谓语也有少量能产性极高的词缀，但是这并不能否定韩国语和汉语祈使句谓语在各自类型上的强倾向性。

第三章

韩汉否定祈使句的构成与认知语用特征

第一节 韩国语否定祈使句的基本构成
及其认知语用特征

韩国语否定祈使句的主语，与肯定祈使句主语基本相同，主要是由第二人称代词单复数构成，第一人称代词复数也可以构成委婉的否定祈使句的主语，第三人称代词一般不能直接构成否定祈使句谓语。韩国语否定祈使句主语主要有"너""너희들""자네""자네들""당신""우리""모두들""여러분""아무""누구"以及"部分代表职位、机构团体的名词短语"等，疑问代词中除了"아무"经常用于否定祈使句外，其他主语形式与肯定祈使句基本一致。因此这里不再详述主语，而是以否定祈使句谓语和否定标记为重心进行讨论。

一 谓语的基本构成及其认知语用特征

韩国语属于黏着语，祈使句句末语尾形态比较发达，韩国语否定祈使句句末终结语尾主要用"-지 마""-지 마라""-지 말아라""-지 마세요""-지 마십시오"等来充当。例如：

（1）韩国语否定祈使句语末语尾

a）걱정하지 마 .

b）쓰레기를 함부로 버리지 마세요 .

c）염려하지 마십시오.

　　我们对 21 世纪世宗计划语料库中否定祈使句谓语进行统计，发现韩国语否定祈使句的谓语主要由动词、动词性结构以及少量的"하다"形容词（或结构）构成。
　　（2）韩国语否定祈使句谓语中的自动词（结构）

굴다 앉다 되다 죽다 있다 처지다 놀라다 나타나다 무너지다

　　（3）韩国语否定祈使句谓语中的他动词（结构）

찾다 잊다 짓다 따다 믿다 내다 켜다밀다 품다 보다 잃다 놓다 잘하다 정하다 말하다 욕하다 약속하다 생각하다 기대하다 표기하다 (유학을) 가다 (장갑을) 끼다 (손을) 떨다 (피리를) 불다 (사람을) 까불다

　　（4）韩国语否定祈使句谓语中的形容词

그렇다 이렇다 서두르다
상심하다 오해하다 걱정하다 염려하다 실망하다 부끄럽다
자만하다 교만하다 긴장하다 성급하다 우울하다 창피하다
망설하다 후회하다

　　从形态构成来看，韩国语否定祈使句谓语主要由他动词或他动词性动词结构以及部分带"하다"的形容词构成，其中为数最多的是他动词和他动词性动词结构，自动词或自动词结构、一般形容词也能够构成否定祈使句谓语，但数量相对较少。
　　从表义功能来看，최경자（1985）将否定祈使句的意义分为"禁止（prohibition）"和"免除（exemption）"两种，其中"禁止"按权势

地位分为"否定命令"和"否定请求",而将"免除"理解为"否定许诺"。Lyons（1977）指出"否定祈使句是话者要求听者对某事的发生做出忍让或限制"的句子,否定标记的功能与话者预设密不可分,话者发出"禁止"是基于"如果不发出禁止,那么听者可能真的发出某一动作或做出某一事件"的预设;채영희（1982）指出祈使句中不存在"否定"的概念,只存在"要求"和"禁止"的问题,认为否定祈使句标记是用来表达"禁止"意义;이상화（1989）、박영준（1991）指出它是表达话者对听者态度的否定形态素,主要用作"禁止"或"中止"的意义;김미숙（1997）指出否定祈使句的发出前提是"话、听者之间存在共知命题 A","听者正在执行 A 或者想要执行 A,最起码是有执行 A 命题的可能性"时发出的句子。

以上对韩国语否定祈使句的意义的归纳可以整理为如下四种情况,即 1）结束当下某一动作、行为或状态;2）阻止某一预期行为或事态的发生;3）提醒某一危险或不良后果;4）希望某一事件或结果不要出现。

其中"提醒某一危险或不良后果"主要用"-지 않도록 하다""-지 않기를 바라다"来表达,这种句法形态一般不是典型的否定祈使句,而是陈述句,例如:

（5）表否定祈使义的韩国语陈述句

a）다치지 않도록 해라 .
b）죽지 않（말）기를 바란다 .①

韩国语祈使句"希望某一事件或结果不要出现"的祈使意义通常

---

① 고영근（1987, 1989：57）에서는 "원망문"에는 "않"보다 "말"이 더 본질적이고 "기원문"에는 기원적 명령의 의미가 함축된 표현에서 "않"과 "말"의 출현이 수의적이라고 하였다 .（고영근（1987, 1989：57）指出"愿望句"中比起"不","别"的使用更为贴切,"祈愿句"中在包含"祈愿性命令"意义的表达中"不"和"别"的出现是比较随意的。）

用"-을/를 조심하다""-을/를 주의하다"等表达，这种句法形态一般也不是典型的否定祈使句而是肯定祈使句。例如：

（6）表否定祈使义的韩国语肯定祈使句

　　c）감기를 조심하세요.
　　d）독감을 주의하세요.

因此，我们将韩国语否定祈使句的意义归结为两点，即1）结束当下某一动作、行为或状态；2）阻止某一预期行为或事态的发生。

与韩国语肯定祈使句相比，韩国语否定祈使句的谓语在时间性特点和谓语可控性特点上与肯定祈使句相似，一般不能添加过去时制语尾"았/었/였"和认识样态素等语尾"겠""ㄴ"等。韩国语否定祈使句谓语动词主要是他动词，一般要求具有［＋述人］的特征。

与肯定祈使句不同的是，否定祈使句谓语可以是非自主动词，即被动词形式在否定祈使句谓语中的限制没有肯定祈使句那样强，［＋述人］动词的被动形态在否定祈使句中不受限制，例如：

（7）非自主动词构成的韩国语否定祈使句

　　a）남에게 속이지 마라.
　　b）소매치기 당하지 마라.
　　c）모기에 물리지 마라.

这些被动形态的祈使句谓语本身不一定是［＋自主］的或者［＋可控］的，甚至有些不一定是［＋述人］的，但是当这一动词与否定祈使句标记组合成为一体时便立刻具备了［＋述人］［＋可控］［＋自主］的特性，可以用来表达话者的"提醒"或"希望"之意，即"阻止某一预期行为或事态的发生"。除此之外，韩国语否定祈使句谓语还可以由形容词充当，甚至有些形容词不能成为肯定祈使句谓语，却可作否定祈使句谓语。例如：

（8）形容词构成韩国语否定祈使句谓语

    a）＊청년이여，실망하자．

    b）청년이여，실망하지 말자．

    这些形容词与肯定祈使句中的褒义形容词不同，而是多为贬义形容词，这种形容词一般带有"하다"且词干与"하다"之间的分离性很强。我们认为这是由于"하다"的动词性凸显导致整个形容词具备了一定的动作性。由此我们也可以看出，肯定祈使句与否定祈使句的区分并不完全是句法分类上的需求，这种分类同时具有词类划分上的依据，虽然类别之间确实存在许多模糊不清的地方①。

    相比于肯定祈使句，韩国语否定祈使句存在歧义性和预设性，이정민（1977）曾指出韩国语否定祈使句的歧义性特点，例如"죽지 마라（别死）"这句话存在"别自杀"，"（努力使自己）别死"，"（我希望你）别死"三重歧义：

（9）"죽지 마라（别死）"的三重歧义

    a）자살하지 마라．

    b）죽지 않도록（노력）해라．

    c）죽지 않기를 바란다．

    否定祈使句的歧义性来源于否定本身意义的模糊性和预设性，正如沈家煊（2005）指出的那样，肯定句提供的信息是"在听者不知道 P 的情况下告诉他 P"，而否定句提供的信息是"在听者可能相信 P 或熟悉 P 的预设下否认或反驳 P"，这里的"P"就是预设。简单说来，

———————————

    ① 例如袁毓林（1993：142，148）总结得出，中性形容词和状态补语都可以进入祈使句的肯定式和否定式，部分褒义贬用形容词和贬义褒用形容词也能进入两种祈使句，袁毓林（1993：122）称之为自主形容词在感情色彩上的漂移（shift）。

通常我们肯定"P"这一事物，那么我们得到的就是"P"，然而我们否定"P"得到的却不一定就是"Q"，也可能是"X"。否定祈使句中话者对听者动作或行为状态的预设并不代表就是让听者做出某一动作或行为状态，而是中止或阻止该动作或行为状态，甚至可能是提醒或祈愿。

二　否定祈使标记的认知语用功能

韩国语否定祈使句的标记是"-지 말다"，一般情况下长型否定标记"-지 않다""-지 아니하다"和"-지 못하다"及其短形否定形式"안"和"못'不能直接作祈使句否定标记。

채영희（1982）指出，"-지 않다（-지 아니하다）"和"안"是表示"行为或状态不存在"，而"-지 못하다"和"못"是表示"意图或能力不充分"，这两者与祈使句"对动作的要求或禁止"没有直接关联，因此一般不能用作韩国语否定祈使句标记。关于这一点学者之间争议不大。但是对于否定祈使句标记"-지 말다"的构成和语法功能学者之间看法不一。

关于否定祈使句标记的构成，최경자（1985）认为是补语化语尾"지"与否定补助动词"말다"组合而成的；고영근（1989）认为否定祈使句标记"-지 말다"是陈述句否定标记"-지 않다"的"补充法异形态"，主要基于以下两点理由：1）"-지 말다"只能和命令型、许诺型、请诱型（共动型）等祈使系统的语尾搭配使用，"-지 않다"只能和陈述型、感叹型、疑问型等非祈使系统的语尾搭配使用；2）在具有反复性的语尾形态中被否定部分经常只能使用"말"。例如：

（10）只能使用"말"的反复性语尾形态

a）블까 말까, 보나 마나, 보거나 말거나, 볼지 말지, 보다가 말다가, 보든지 말든지, 본듯 만듯, 본 등 만등, 본 체 만체…

b）＊볼까 않을까 보나 않으나，보거나 않거나，볼지 않을
지，보다가 않다가，보든지 않든지，본듯 않은듯，본 등 않은
등，본체 않은 체…

但是，이정민（1977）、고성환（2003）也指出很多表示愿望的
复句中"말"和"않"在使用意义上的区别并不明显，例如：
（11）表愿望复句中"말"和"않"的替换使用

a）나는 네가 이곳을 떠나지 말기/않기를 바란다．
b）비가 오지 말아야/않아야 할텐데．
c）이제 바람이 불지 말았으면/않았으면 좋겠다．

因此我们认为首先应该区别对待祈使句的否定和祈使句否定标
记，이상화（1989）曾将句子否定分为"标记否定""词汇否定"和
"句式否定"三大类，标记否定只是祈使句否定的一种，与其他句子
的否定一样，祈使句否定标记与祈使句的否定也不是一一对应的关
系。我们同意고영근（1989）的第一种分析方法，但是我们认为不能
把否定祈使标记处理为陈述句的"补充法异形态"，而是处理为独立
的否定祈使句标记，因为1）祈使句否定标记与其他句类否定标记无
论在形态上还是功能上都有明显不同；2）祈使句独立于其他句类的
地位已经确立，很多语言动词的分类与祈使句本身有很大关联。고영
근（1989）所列举的表达反复性语尾形态也可以纳入祈使句研究范围
内解决。

第二节　汉语否定祈使句的基本构成
及其认知语用特征

汉否定祈使句的主语，与肯定祈使句主语也基本相同，主要是由
第二人称代词单复数构成，第一人称代词复数也可以构成委婉的否定

祈使句的主语，第三人称代词一般不能直接构成否定祈使句谓语。汉语否定祈使句主语主要有"你""你们""您""诸位""各位""我们""咱们""大家""谁"以及"部分代表人的姓名、'的'字短语构成的指示某一集体的名词短语"等，否定祈使句主语形式与肯定祈使句基本一致。因此这里也只以否定祈使句谓语和否定标记为重心进行讨论。

一　谓语的基本构成及其认知语用特征

汉语否定祈使句的谓语根据所在格式的不同，谓语构成存在不小差别。汉语否定祈使句有多种格式，赵微（2005）从形式上归纳了"别 VC 了！""别 V 了！""别 V 着！""别 A 了！""别 A 着！"等五种用来表达这种提醒、警告的句法结构；陈艳丽（2007）列举了"别 V！""别 V 了！""别 V 了 NP！""别 VC 了 NP！""小心别 VC 了 NP！""小心 VC 了 NP！""VC 了 NP！"等七种否定祈使句格式，张伯江（1985）论述了"别 X"和"别不 X"两种格式之间在其成分的语法及语义特点、整体的语义等方面的异同。黄均凤（2005）系统考察了"小心 X"这一格式的成句规律和提醒、警示功能。我们对北大语料库的统计发现，汉语否定祈使句一般带有否定标记"别""不要""不能""不许""不用""不必""不准"等，其中谓语可以是动词、动词性结构，也可以是形容词甚至是少量固定格式。例如：

（12）汉吾否定祈使句谓语的多样性

　　a）你别说了。

　　b）主人不要太辛苦。

　　c）咱们不能破罐子破摔。

袁毓林（1993）指出，非可控动词、非述人动词不能进入肯定祈使句也不能进入否定祈使句，［+述人］［+可控］［+自主］动词既可以作肯定祈使句谓语也可以作否定祈使句谓语。同时他又指出，不仅可控的自主动词和动词性结构可以构成否定祈使句谓语，非自主动词和形容词（结构）也能做否定祈使句谓语，但用于否定祈使句谓语的非自主动词和形容词一般具有贬义色彩①。我们在此仅考察汉语否定祈使句的基本构成格式和其谓语构成状况，类似"小心/当心 V 着/了（O）""小心/当心 O"等格式将作为否定祈使句强调表达来讨论。基于袁毓林的分析，结合我们对北大语料库统计，汉语否定祈使句谓语的基本构成主要有如下几类：

（13）汉语否定祈使句谓语中的自主动词

a)"别＋（这么/那么）＋V（了）"

看 瞧 望 瞅 瞄 见 听 闻 吃 喝 吞 咽 嚼 咬 啃 吐（tǔ）啐 喷 吸
呼 抽 吹 舔 尝 参观 点头 回头 磕头 拥抱 动手 放松 握手 鼓掌
散步 转弯 前进 倒退 动弹 依靠 躲藏

b)"别＋（这样/那样）＋V（了）"

亲 吻 仰 拿 取 抓 捏 握 摸 捞 找 寻 摘 抹 搽 揉 搓 拍 瓣 刻 卷
撩 揭 休息 睡觉 洗澡 漱口 理发 刷牙 洗脸 化装 打扮 装作
收拾 治疗 修养 告诉

（14）汉语否定祈使句谓语中的动结式

a)"别＋VC$_{动词}$（了）（O）"

碰撒 冻病 冻死 吓死 折腾病 摔着 吓着 吵醒 抄漏 说漏 说忘
骂哭 踢翻 跑丢 弄丢 撞见 碰倒 冻僵 冻坏 捧坏 摔坏 哭肿
哭红 愁白（头发）气病 哭糊涂 哭湿 说糊涂 吃刁 吃馋 洗脏
洗破 看错 听错 搞错

---

① 袁毓林（1993：28）指出，"在一般情况下，褒义的自主动词只能进入肯定式，不能进入否定式；贬义的自主动词只能进入否定式，不能进入肯定式；只有中性的自主动词才能同时进入肯定式和否定式。"与此同时，袁毓林（1993：29）又指出，"当然，在一定的语境条件下，褒义的自主动词也可以进入否定式祈使句，贬义的自主动词也可以进入肯定式祈使句"。但就这一问题他未作进一步讨论。

b)"别+V+着（了）"

放着 收着 搁着 开着 留着 坐着 扛着 穿着 盖着 写着 住着
种着 养着 腌着 泡着 听着 盼着 提着 瞧着 垫着 记着 等着
看着 盯着 坐着 站着 躺着 歇着 等着 待着 穿着 带着 盖着
拿着 背着

（15）汉语否定祈使句谓语中的形容词

急 慌 美（得意）傻（死心眼）

糊涂 呆板 滑头 骄傲 自满 自大 粗鲁 冒失 随便 马虎 麻痹
紧张 急躁 性急 胆小 心狠 野蛮 顽固 固执 疲塌 小气 自私
威风 懒惰 勉强

（16）"别+太/过于/过分/这么/这样+A（了）"构成中的形容词

a)［+述人］［+自主］［+褒义］形容词

灵活 诚恳 老实 谦虚 虚心 小心 规矩 认真 和气 厉害 温和
严肃 勇敢 冷静 大胆 客气 严格 文明 文雅 活泼 干脆 爽快
热情 朴素 大方 坚决 坚强 勤快 勤劳 主动 自觉 踏实 努力
积极 乐观 高兴 快乐

b)［+述人］［+自主］［+贬义］形容词

急 慌 美（得意）傻（死心眼）

糊涂 呆板 滑头 骄傲 自满 自大 粗鲁 冒失 随便 马虎 麻痹
紧张 急躁 性急 胆小 心狠 野蛮 顽固 固执 疲塌 小气 自私
威风 懒惰 勉强

c)［+述人］［-自主］［+褒义］形容词

美 精灵

健康 成熟 可靠 舒服 年轻 美丽 漂亮 好看 聪明 精明 可爱
可敬 能干 出色 有名 光荣 幸福 自由 伟大 有趣 慈祥 可亲

可乐 崇高 单纯

d) ［＋述人］［－自主］［＋贬义］形容词

丑 累 笨 蠢

不幸 疲乏 辛苦 心慌 恐慌 丑陋 难看 愚蠢 懦弱 凶恶 残酷
残忍 可笑 可怜 隐现 可怕 可恶 可恨 痛苦 悲哀 冤枉 倒霉
疲倦 厌倦 疲劳

e) ［－述人］［－自主］［＋中性］形容词

大 小 高 低 长 短 粗 细 远 近 宽 窄 厚 薄 深 浅 多 少 方 圆
扁 尖 平 歪 正 偏 直 斜 挺 弯 亮 暗 简单 复杂 具体 抽象 好听
难听 清晰 模糊 正确 错误 普遍 特殊 一般 个别 宝贵 低贱
优良 低劣

从汉语否定祈使句谓语的基本构成来看，主要由自主动词、动结
式动词结构、［＋自主］［＋贬义］形容词和形容词结构等来构成。其
中自主动词类也可以由"别＋（这么/这样/那么/那样）＋V（了）"结
构来表达；动结式动词结构主要是用于"别＋VC$_{动词}$（了）（O）""别＋
V＋着①（了）"结构中；形容词结构主要是"别＋太/过于/过分/这么/
这样＋A（了）"结构。

从否定祈使句的表义功能来看，汉语否定祈使句式主要用来表示
"阻止某一预期行为或事态的发生"，或"停止当下正在进行的动作、
行为或状态"以及"提醒或警告某一危险或不良后果"。

与汉语肯定祈使句谓语相似，汉语否定祈使句的谓语也具有时间
性和［＋述人］性特点，汉语否定祈使句谓语一般不能是过去时，谓
语动词可以是［＋述人］［＋可控］［＋自主］的动词也可以是动结式
动词结构。与肯定祈使句不同的是，单独构成否定祈使句谓语的形容
词一般是贬义的而不是褒义的，形容词结构中出现的形容词限制更
小，特别是"别太/过于/过分/这么/这样A（了）"结构，几乎所有形

---

① 此处"着"表示的是状态持续意义的"着₃"。

容词都允许出现。除此之外，与肯定祈使句不同的是否定祈使句还允许被动态的出现。例如：

（17）汉语否定祈使句中的被动态

　　　a）别被骗了！

　　　b）别被偷了！

　　　c）别被裁掉了！

　　汉语否定祈使句也存在歧义性和预设性两大特点。王红旗（1996、1997、1999）指出"别 V 了"可以用来表达"劝阻或禁止开始做某事，劝阻或禁止继续做某事，劝阻或禁止去除某个客体，提醒避免去除某个客体，提醒避免发生某件事，揣测某件事的发生"等多重意义。

　　邵敬敏（2004）指出，单个动词出现在"别"的后面，可能有两种意义，例如"别动"语境一是对方打算动但是还没开始动，这时就阻止他，即"别动！一动就坏了"，这是禁止于未然；语境二是指对方已经在动了，再去阻止他，即"别动！再动就坏了"，这是禁止于已然，他认为这种歧义性是因语境的不同而导致语义差别。

　　彭可军（1990）、袁毓林（1993）指出，当动词具有［＋自主］的语义特征时，"别 V 了"表示"否定开始做某事"的意义；当动词具有［＋持续］的语义特征时，"别 V 了"就兼有以上两个意义，产生歧义。

　　邵敬敏（2003）则认为，单独接受"别"的否定，只能够是可控动词，而不能是非可控动词。前者表示阻拦对方实施某个动作，后者表示提醒对方避免发生某种行为或事件。非可控动词如果要进入"别X"格式，就必须是一个短语，或至少必须在动词后面带上个"了"。

　　否定祈使句的歧义性来源于否定本身意义的模糊性和预设性，从汉语否定祈使句的定义来看，袁毓林（1993）又指出否定祈使句的句式义是说话人要求听话人不做某事（有意识地）或者提醒听话人别发生某事（无意识地）。即否定祈使句要么对已然的进行阻止，不使其继续；要么对未然的事进行制止或提醒，不使其发生。也就是说，根据否定祈使句预设内容的不同，否定祈使句的意义会有所差别。正如沈家煊（2005）指出的那样，否定句提供的信息是"在听者可能相信P 或熟悉P 的预设下否认或反驳P"，这里所谓的"相信P"就是对未然状况的预设，而"熟悉P"就是对已然状态的预设，预设不同，否定祈使意义也不同。

二　否定祈使标记的认知语用功能

袁毓林（1993）认为汉语否定祈使句的标记是"别（不要）①"和"甭（不用）②"，还可以用"禁止、不得、不许、不准、不能""少③"或"当心、小心、留心、注意"等来表达，但一般不用"不"和"没"来否定。

王振来（1997）举例指出"不"用于许可动词、必要动词和可能动词中的部分词前面，也能构成否定祈使句。朱敏（2005）将否定标记分为一般否定标记（"别""甭""少"等）、弱项否定标记（"不必""不用"等）和强项否定标记（"不能""不许""不准"等）。

---

①　关于"别"和"不要"，吕叔湘（1944）、江蓝生（1991）、杨荣祥（2005）认为"别"是"不要"虚化合音的结果；王力（1945）认为合音说很难解释得通，太田辰夫（1958）认为"别"是从本来意义"另外"引申而来，成为委婉的禁止的意义。（参看杨荣祥（2005：391））本文对此不做讨论，保留两个形态。

②　袁毓林（1993）曾就"别（不要）"和"甭（不用）"的使用作出分析，指出"别"和"甭"对后面所带的动词类别要求不同。"别"既可以带自主动词，又可以带非自主动词；"甭"只能带自主动词，不能带非自主动词。"甭"表示客观上没有理由或无须做某事，其预设是听话人准备或正在有意识地做某事。"别"表示说话人主观上不愿意对方做某事，其预设是听话人准备或正在有意识地做某事，或将要无意中发出某个动作行为。本文对此不做讨论，保留两个形态。

③　赵微（2005）称"少"为"类否定成分"，指出"少"用于动词前，而不是用于形容词或副词前，可以与"别"替换；"少"用于动词前但动词后跟"点"，或者其宾语为数量词语，那么此时整个结构并不是表达要听话人不实施某个行为，只是在宾语的数量上有所减少，这时的"少"不能用"别"替换。（转引自姜慧英 2008：20-24）

宛新政（2008）指出，"不"与"甭""别"都能构成否定祈使句，但它们本身存在着差异，主要体现在说话人主观要求的强度上。并进一步指出"甭—不—别"从左向右，客观性逐步减弱，说话人主观要求逐步增强。

我们通过对汉语长篇小说《野火春风斗古城》中出现"别、不要、不能、不许、少、不、不必、不用、不该、莫"等否定标记进行统计发现，现代汉语普通话中最主要的否定祈使句标记是"别"和"不要"，其次为"不能、不许、少、不必、不用"等。

表 7　　　　　　　　　汉语否定祈使句标记构成情况

	别	不要	不能	不许	少	不	不必	不用	不该	莫
数量	105	46	14	11	9	7	6	6	2	2
比例	48.6%	21.3%	6.5%	5.1%	4.2%	3.2%	2.8%	2.8%	0.9%	0.9%

上表显示，否定标记中使用频率最高的是"别"，其次为"不要"，"不能、不许、少、不必、不用"虽然也有使用，但使用频率远远低于"别"和"不要"，而"甭"则没有发现。"不"在一定语境下能够构成否定祈使句，但是对语境依赖性很强，能够表达劝阻或提醒意义。例如：

（18）用"不"作否定标记的汉语否定祈使句

　　a）我们不谈这个吧！

　　b）还是不说了吧！

　　c）别不小心！

a）与 b）构成的是否定建议句和否定意志句，c）是与"不"与"别"组合成的双重否定祈使句，前者一般表达比较婉转的劝阻或乞免意义，后者表达的是强调的提醒意义。由此看来，现代汉语普通话否定祈使句的典型标记应该是"别"和"不要"。

关于"别"的功能，吕叔湘（1980）、陆俭明（1985）认为是否定副词，修饰动词（或动词短语）、形容词（或形容词短语）；邵敬敏、罗晓英（2003）认为，"别"主要表示1）否定性意愿（别说废话，先干活儿！）；2）否定性猜测（皮裤衩穿了吗？别到那儿警卫不让进。）；3）否定性警告（要是干坏事，别叫我碰到！）三种语法意义。

　　关于"不要"的功能，洪波（2000）指出"不要"和"别"相比，"不要"的书面语色彩比"别"浓，用"不要"显得语气郑重，人与人之间的关系显得疏远。姜慧英（2008）指出，"不要"在祈使句中可以表示"不准许"，还可以表示"情理上不许可"或"不应该"，主要是劝阻对方行为，语气比较缓和。

　　"别"和"不要"的意义之所以如此多样，首先来源于否定祈使句表义功能的多样性，汉语否定祈使句一般可以表达三种基本意义：1）结束当下某一动作、行为或状态；2）阻止某一预期行为或事态的发生；3）提醒某一危险或不良后果。关于"别"的语法功能，我们比较赞同赵元任（1979）、朱德熙（1982）、袁毓林（1993）的观点，认为汉语否定祈使句中"别"的基本意义主要有以下三种：1）禁止或制止（如："别去、别看、别买"）；2）防止或乞免（提醒）（如："别摔着、别碰了、别麻痹大意"）；3）揣测（我们别害了他）。关于"不要"的语法功能，我们认为主要有两种：1）客观上不准、不许（如"不要大喊大叫"），与"别"的第一种意义基本相当；2）主观上不希望（如"不要哭了"），与"别"的第二种意义基本相当。"不要"没有"别"的第三种"推测"意义。"别"与"不要"意义的不同与虚化程度有关，"别"字意义的虚化使得其客观否定意义渐弱而主观推测功能愈强；"不要"的虚化速度不如"别"，因而主观推测功能尚未具备。

第三节　韩汉否定祈使句的认知语用特征对比分析

一　韩汉否定祈使句谓语的句法语义特点

从否定祈使句谓语构成来看，韩国语否定祈使句谓语主要由他动

词或他动词性动词结构以及部分带"하다"的形容词来构成，其中为数最多的是他动词和他动词性动词结构，自动词或自动词结构、一般形容词也能够构成否定祈使句谓语，但数量相对较少。汉语否定祈使句谓语的基本构成主要由自主动词、动结式动词结构、［＋自主］［＋贬义］形容词和形容词结构等来构成。其中自主动词类也可以由"别＋（这么/这样/那么/那样）＋V（了）"结构来表达；动结式动词结构主要是用于"别＋VC动词（了）（O）""别＋V＋着①（了）"结构中；形容词结构主要是"别＋太/过于/过分/这么/这样＋A（了）"结构。

　　从否定祈使句的表义功能来看，韩国语否定祈使句的基本意义是1）结束当下某一动作、行为或状态；2）阻止某一预期行为或事态的发生。汉语否定祈使句式主要用来表示"阻止某一预期行为或事态的发生"，或"停止当下正在进行的动作、行为或状态"以及"提醒或警告某一危险或不良后果"。

　　与韩国语和汉语的肯定祈使句谓语相似，韩国语和汉语否定祈使句的谓语也具有时间性和［＋述人］性特点，否定祈使句谓语一般不能是过去时，韩国语否定祈使句谓语动词主要是他动词，汉语否定祈使句谓语动词可以是［＋述人］［＋可控］［＋自主］的动词也可以是动结式动词结构。

　　韩国语和汉语的否定祈使句与该语言的肯定祈使句相比不同的是，韩国语否定祈使句谓语可以是非自主动词或形容词，即被动词形式在否定祈使句谓语中的限制没有肯定祈使句那样强，［＋述人］动词的被动形态在否定祈使句中限制较小，形容词谓语数量较多，但一般要求是贬义形容词。相比于肯定祈使句，韩国语否定祈使句存在歧义性和预设性。汉语单独构成否定祈使句谓语的形容词一般也是贬义的而不是褒义的，形容词结构中出现的形容词限制更小，特别是"别太/过于/过分/这么/这样A（了）"结构，几乎所有形容词都允许出

---

① 此处"着"表示的是状态持续意义的"着₃"。

现。除此之外，与肯定祈使句不同的是否定祈使句还允许被动态的出现。汉语否定祈使句也存在歧义性和预设性两大特点。韩汉语否定祈使句要么对已然的进行阻止，不使其继续；要么对未然的事进行制止或提醒，不使其发生。也就是说，根据否定祈使句预设内容的不同，否定祈使句的意义会有所差别。整理发现，韩汉否定祈使句存在以下不同点。

第一，韩汉否定祈使句谓语构成略有差别。韩国语否定祈使句谓语大多由词构成，很少用词结构或短语结构构成，而汉语否定祈使句结构性谓语较多，单个词构成否定祈使句谓语的并不多。

第二，韩汉否定祈使句谓语中形容词的比例相差很大。韩国语否定祈使句谓语上形容词比例远远少于动词，部分带"하다"的形容词因其具有一定动作性能够做否定祈使句谓语，而汉语否定祈使句谓语上的形容词比例很高，甚至超过了动词所占比例，特别是"别太/过于/过分/这么/这样 A（了）"结构中形容词几乎没有限制。

二　韩汉否定祈使标记的认知语用特点

从韩汉否定祈使句标记的构成来看，韩国语否定祈使句的标记比较单一，主要是使用"-지 말다"，一般不用"-지 않다""-지 아니하다"和"-지 못하다"及其短形否定形式"안"和"못"做祈使句否定标记。汉语否定祈使句的标记比较复杂，根据我们的统计现代汉语普通话否定祈使句的典型标记应该是"别"和"不要"，除此之外"不能、不许、少、不、不必、不用、不该、莫"等也能做汉语否定祈使句标记，但是分布不具有普适性，所占比例也不高，因而我们将它们称为否定祈使句"次标记"或"准标记"。

从韩汉语否定祈使句标记的语法功能来看，韩汉语均存在争议。韩国语主要集中在"-지 말다"和"-지 않다"的区别以及"-지 말다"的内部构成上，汉语主要集中在"别"字的表义功能以及"别"与"不要"的区别上。关于韩国语"-지 말다"的内部构成我们不做讨论，关于韩国语"-지 말다"与"-지 않다"的区别，我们主张把

"–지 말다"处理为独立的否定祈使句标记而不是陈述句否定标记
"–지 않다"的补充法异形态。关于汉语"别"与"不要"的语法功
能和区别问题，汉语否定祈使句中"别"的基本意义主要有以下三
种：1）禁止或制止（如："别去、别看、别买"）；2）防止或乞免
（提醒）（如："别摔着、别碰了、别麻痹大意"）；3）揣测（我们别害
了他）。关于"不要"的语法功能，我们认为主要有两种：1）客观上
不准、不许（如"不要大喊大叫"），与"别"的第一种意义基本相
当；2）主观上不希望（如"不要哭了"），与"别"的第二种意义基
本相当。"别"与"不要"使用上的很多不对称现象，与其本身的虚
化程度有关，"别"字意义的虚化使得其客观否定意义渐弱而主观推
测功能愈强；"不要"的虚化速度不如"别"，因而主观推测功能尚未
具备。

韩汉语否定祈使句相对于本语言肯定祈使句虽然差别不小，但比
较韩汉语否定祈使句之间的异同点来看，差别并不大，整理发现主要
存在如下相同点。

第一，韩汉语否定祈使句谓语的基本构成相似，表义功能基本相
同，即都可以按照指令行为执行者差别和话者与听者之间的权势关系
将否定祈使意义分为"禁止或制止""防止或乞免""阻止或劝止"
三类。

第二，韩汉语否定祈使句都具有时间性、谓语［+述人］性特点，
时态要求一般是非过去式，而且都可以有限地使用被动语态。

第三，韩汉否定祈使句都具有歧义性和预设性的特点，根据预设
不同，祈使句表达的意义也有所不同。

相较于肯定祈使句，韩汉否定祈使句最大的不同在于允许被动态
的使用以及歧义性和预设性特点。关于被动语态在祈使句否定式中出
现的原因，两种语言并不完全相同，韩国语否定祈使句中被动语态局
限于词汇内部，一般通过添加被动后缀"이、히、리、기"等来实
现，即通过词汇屈折变化来表达，这一点符合形态型祈使句的特征。
而汉语否定祈使句谓语部分被动态的出现，则主要通过在谓语前面添

加被动词"叫、让、被"等来实现，这一点符合词汇型祈使句的特点。

除此之外，汉语否定祈使句标记的语法化程度较高，具备"提醒"和"揣测"意义，连使用频率次之的"不要"都无法与之相提并论。汉语否定祈使标记"别"的使用比韩国语"-지 말다"的使用宽泛自由，意志性和主观化程度更高。尽管韩汉祈使句中被动态本身可控程度可能比较低，但与否定标记结合之后自然能够满足祈使句对高生命度的要求，因而韩汉否定祈使句中都能使用被动态而肯定祈使句则一般不行。

关于韩汉否定祈使句的歧义性和预设性特点，我们有必要对祈使句的意义进行更为细致全面的分析，沈家煊（1998）在讨论肯定与否定的不对称性时，对句子的衍推义、预设义和隐含义进行了区分，并按照否定所针对的意义差别将句子的否定分为有标记否定和无标记否定两类，指出无标记否定是对句子真值条件的否定，有标记否定不是对句子真值条件的否定，而是对语句使用的"适宜条件"的否定。这一分类方法同样适应于祈使句的否定，祈使句的无标记否定，否定的是祈使动作行为本身，祈使句的有标记否定，否定的是"听者将要做出某种动作或行为的意图和想法"这一"适宜条件"。韩汉祈使句都能通过添加副词或情态词实现对"祈使意图或想法"的否定，即有标记否定，例如：

（19）韩汉否定祈使句的有标记性

　　a）더는 마시지 마라.（이렇게 더 마시면 취한다!）
　　b）别再喝了，（再喝就醉了!）

但是从使用频率上看，韩国语针对"动作行为本身"的所谓"无标记否定"更多，而汉语针对"动作行为本身"的"无标记否定"和针对"祈使意图或想法"的所谓"有标记否定"都不在少数，相比于韩国语，汉语"有标记否定"更多，且主要集中在"别"字否定祈使句上，后面一般要出现"了"字。例如：

（20）"别"字类有标记汉语否定祈使句

a）<u>别喝</u>，有毒！（无标记否定/有标记否定）

b）<u>别喝了</u>，再喝就醉了！（有标记否定）

c）（酒就）<u>别喝了</u>，吃点菜吧！（有标记否定）

a）中话者否定听者"喝"这一动作行为本身，也可以否定"想喝"这一意图，因为此时听者还没喝，可能已经端起了杯子往嘴边送，也可能是正想端起杯子来喝，因而存在不确定性，有可能是无标记否定也有可能是有标记否定。b）和 c）中听话者已经喝了，而且还有继续喝的想法，话者否定的是听者继续喝这一意图，因而都是有标记否定。

第四章

韩汉强调祈使句的句法构成和
认知语用特征

第一节　韩国语强调祈使句的句法语义构成

韩国语强调祈使句主要靠主语的隐现和呼语化、谓语的变化和省略、副词的添加、终结语尾的变换以及语调的调节等手段来实现。这里所谓"强调"应该分两种意义来理解，一是强化作用，二是弱化作用，即委婉表达。需要指出的是实际使用中强调祈使句往往不是只靠一种手段来表达，很多情况下是对两种或两种以上的强调手段进行综合运用。

一　主语的隐现和呼语化

1. 主语的隐现

关于韩国语祈使句主语的隐现问题，前人研究中存在两种截然相反的观点，이승욱（1969）和채완（1977）否认省略现象的存在，김일웅（1986）、이장선（1987）、구도희（1987）、박영준（1991）等认为省略是语言的普遍现象。고성환（2003）结合임홍빈（1985）提

出的语体和句法"空范畴"理论①指出了主语省略的条件和主语不可省略的条件。

主语可省的条件是：

①祈使句发话场面中的听者都是祈使句施事主体的时候主语可以省略。

②祈使句中呼语出现，呼语和主语的指示对象一致且主语不具有排他性对立意义时主语可以省略。

③祈使句中出现限定祈使句施事主体的主题词时主语可以省略。

主语不可省的条件是：

①祈使句发话场面中的听者不全是祈使句施事主体而是部分施事主体时主语不能省略。

②呼语出现，但呼语和祈使句施事主体不一致时主语不能省略。

③主语并不是单纯表示祈使句施事主体，而是带有某种附加意义时，主语不能省略。

通过主语隐现，特别是在主语可省的条件下明确说出主语，可以表达强调祈使意义或增加附加信息的功能。例如：

（1）主语显现时的添义功能

　　a）너 좀 나가 봐라.

---

① 임홍빈（1985）에서는 문장에서 주어가 실현되지 않는 것을 "문체적인 공범주" 와 "통사적인 공범주"로 나누고, "국어에 있어 모든 서술어는 반드시 주어를 가져야 한 다"는 "주어 전제 조건"을 바탕으로 문체적인 공범주에 대해서는 담화 문맥에 의해 영향 을 받는 것으로 설명하고, 통사적인 공범주에 대해서는 "주어 흡수 조건"으로 설명하고 있다. 즉 "서술어에 의하여 주어의 내용을 확인할 수 있거나, 서술어가 주어의 의미를 포 입하고 있을 때, 국어에서 주어는 의미론적으로 서술어에 흡수된 것과 같은 효과를 가진 다."（고성환, 2003：50-51 에서 재인용）（임홍빈（1985）中对句中主语不出现的原因从 "文体空范畴"和"句法空范畴"两个方面来讨论，从前者角度看，"如果以所有的谓语都 必须有主语为前提条件，主语不出现是受到了语境和上下文的影响"；从后者角度看，主要 是"主语吸收"，即主语内容能够通过谓语来确定，而谓语中已然包括了主语的内容时发生 的类似"谓语将主语吸收掉"的现象。）

b) 김군, 자네들 이제 가 보게.

c) 철수야, 너만 들어 와라.

2. 主语的呼语化

要分析韩国语祈使句主语的呼语化首先要从呼语的功能入手。고성환（2003）指出呼语的功能主要是 1) 唤起听者注意；2) 特指群体听者中的个体；3) 将听者焦点化，拉近听者与话者的距离，有时可以将不在听话者范围内的第三者拉进听者范围，即第二人称化。例如：

（2）主语呼语化增效功能

a) 철수야, 너하고 재혁이는 내일 아침 일찍 와라.

b) 여러분, 아무나 한 분만 앞으로 나오십시오.

c) 아가야, 이리 와.

由此可以看出，通过将听者主语进行呼语化，不仅可以明确群体听话者中实施祈使行为的主体，同时可以唤起听者注意，拉近话者与听者之间距离，从而起到强化或弱化祈使意义的强调作用。

二 谓语的变化和省略

韩国语祈使句通过谓语本身的变化也可以起到强调的作用。谓语的变化主要是通过谓语变形和谓语省略来实现。

1. 谓语的变化

韩国语否定祈使句通过谓语的变化来强化或弱化祈使意义的手段使用得非常有限，通过我们的整理，这类谓语仅有如下几个：

（3）韩国语否定祈使句谓语变化

꿔주다 업어주다 일으켜주다 돌려주다 열어주다 보여주다
갈아주다 보내주다 잊어버리다 던져넣다

　　韩国语肯定祈使句通过谓语变化实现弱化或强化祈使意义的作用，主要可以分为自动词和他动词的弱化或强化变形。

　　自动词主要通过添加"-어 보다"实现动词动作意义的弱化，有如下几个：

　　（4）韩国语肯定祈使句自动词"-어 보다"类谓语变化

　　　　가보다 있어보다 움직여보다 돌아가보다 모셔보다 죽어보다
　　　　들어가보다 서보다 터져보다 일어나보다 되어보다 부딪혀보
　　　　다 달래보다 걸어가보다 나가보다 와보다 다가가보다 앉아
　　　　보다 들여다보다 바라보다 덤벼보다

　　他动词主要通过添加"-어 보다"实现他动词动作意义的弱化，通过添加"-어 주다""-어 두다""-어 버리다""-어 내다"等实现他动词动作意义的强化。有如下几种：

　　（5）韩国语肯定祈使句他动词各类谓语变化

　　　　a）"V+어 주다"类
　　　　잊어주다 보살펴주다 비켜주다 때려주다 줄여주다 말해주다
　　　　꿔주다 가르쳐주다 불러주다 낳아주다 이해해주다 골라주다
　　　　숨겨주다 보내주다 시켜주다 열어주다 연락해주다 넣어주다
　　　　물들여주다
　　　　b）"V+어 보다"类
　　　　뚫어보다 먹어보다 읽어보다 말해보다 몰아보다 키워보다
　　　　잡아보다 받아보다 들어보다 내놓아보다 닥쳐보다 벗어보다
　　　　내밀어보다 불러보다 외워보다 만져보다 넣어보다 입어보다
　　　　써보다 줘보다
　　　　c）"V+어 두다"类
　　　　만들어두다 깔아두다 떠들어두다 닫아두다 붙잡아두다 열어
　　　　두다해두다 넣어두다 내려가두다 알아두다 들어두다 읽혀두

다 봐두다 풀어두다 내버려두다

d) "V+어 버리다" 类

죽여버리다 밀어버리다 던져버리다 내다버리다 울어버리다

잊어버리다 차버리다

e) "V+어 내다" 类

차려내다 구워내다 살려내다 끌어내다 내보내다

2. 谓语的省略

谓语作为祈使句的主要成分一般不能省略，但一定语境条件下省略谓语往往能起到强调效果。박영준（1991）指出韩国语祈使句谓语省略的省略一般主要依靠副词。我们整理发现，韩国语祈使句谓语省略不光靠副词，还要靠谓语本身以及语境。主要有如下三类：

第一类，依靠副词或副词性结构省略谓语。可以依靠单用副词、场所副词以及方向副词等省略，也可以依靠韩国语副词型"-도록""-게""-ㄹ 것""-（으）ㅁ"等省略谓语①。例如：

（6）依靠副词强化作用实现谓语省略

a）빨리!

b）교실에서 조용하게.

c）내일까지 레포트를 제출할 것.

第二类，依靠特殊谓语格式省略谓语。박영준（1991）指出"词

---

① 조성훈（1988：19）指出以"V+도록，ADJ+게，'하다'류 동사 어간+이/히，-니까，-고"语尾来结束的命令表现可以看作"해야，한다，하라"等命令型终结语尾的省略。박금자（1987：89）指出"-도록""-ㄹ것""-ㅁ"中"-도록""-ㄹ것"虽不是命令法固有终结语尾，但能表达命令意义。박영준（1991：221-222）命令句中一般副词、方向副词、场所副词以及由"-게"副词化的副词结构等在谓语省略的情况下可以表达命令意义。고성환（2003：129-151）指出"-（으）ㅁ"可用来表达否定命令意义，而将"-（ㅇ）ㄹ것"和"-도록"分析为命令型终结语尾。

干+하다"类格式的谓语和终结语尾都可以省略①。例如:

(7)"하다"类谓语省略

    a) 출발!

    b) 시작!

    c) 내일까지 레포트 제출!

    第三类,依靠语境省略谓语。谓语的省略对语境的依赖性非常强,更离不开话者与听者之间共知的背景信息以及话者对语境的预设。例如以下祈使句在话者预设或背景信息明确的情况下都可以省略谓语而只出现话者强调的部分。

(8) 依靠语境实现谓语省略

    a) 의미지를 팔아라.

    b) 우리에게 맡기세요.

    c) 뒤에 서라.

    d) 욕실에 가봐라.

    e) 방바닥은 물걸레로 닦아라.

    f) 시키는 대로 하세요.

    g) 안내하도록 해라.

    a′) 의미지!

    b′) 우리에게!

    c′) 뒤에!

---

① 박영준 (1991: 222-223) 에서는"어근+하다"류의 서술어에서 어근만으로도 명령의 기능을 수행할 수 있다. 또한"목적어+어근 (일반적으로'하다'류 동사의 어근)"은 보통 언중에게"명사"로 인식된 형태이지만 단독적으로 명령의 기능을 수행할 수 있다고 하였다. (박영준 (1991: 222-223) 指出"词干+하다"做命令句谓语时只用词干就能表达命令功能,并且"宾语+하다"中"宾语"虽然一般被认为是"名词",但有时也能单独表达命令功能。)

d′) 욕실에!

e′) 물걸레로!

f′) 시키는 대로!

g′) 안내하도록!

话者发出一个没有谓语的祈使句，是因为话者预设在当前语境下谓语所承载的信息不是新信息，而是听者能够根据语境轻易得到的旧信息。而"受事""方向""处所""工具""方式""程度"等未省略部分则是未加预设的新信息，是发话者意志性最强的部分，听者不能通过语境自己推知这些新信息，因而在句法结构上一般都要出现。

三　副词的添加

副词的添加可以有效地弱化或强化韩国语祈使句的祈使意义。根据我们对"21世纪世宗计划"语料库的统计和整理，可以大致分为一般副词和合成副词两大类。

一般副词可以分为肯定式和否定式两类加以整理，其中肯定式一般副词包括如下这些。

（9）肯定类副词

좀 잘 한번 (만) 직접 그저 우선 더 다 펄썩 그냥 일찍 모조리 어서 그만 모두 제발 실컷 똑바로 꼭 계속 먼저 (들) 아주 자주 자꾸 조금 (만) 항상 오래 잠깐 (만) 빨리 (들) 그리 이리 많이 같이 가까이 깨끗이 낱낱이 깊이 편히 똑똑히 열심히 조용히 완전히 단단히 틈틈히 서서히 가만히 천천히 꾸준히 자세히

否定式一般副词包括如下几个：

（10）否定类副词

너무 함부로 절대 (로) 아예 모두 억지로 더 좀 더이상 오래 가까이

　　合成副词也可以从肯定式和否定式两个方面加以分类整理，合成副词的方式一般是在动词后添加 "-도록" 或在形容词后添加 " - 게" 组成的合成副词（结构）。其中肯定式包括：

（11）肯定类合成副词

a）"V+도록" 类
나가도록 지장이 없도록 둥글둥글하게 살도록 집에 닿도록 동경으로 가도록 생각해보도록 내게 뵈도록 두말 않도록 안내하도록 쓰도록 읽혀두도록 정리를 하도록 놓지 않도록

b）"ADJ+게" 类
그렇게 이렇게 넓게 편하게 행복하게 둥글둥글하게 발레리 나가 되게 나가게 행복할 수 있게 건강하게

否定式合成副词主要是 "ADJ+게" 类，主要包括以下几个：

（12）否定类合成副词

친하게 쉽게 고프게 고달프게 참혹하게 피눈물을 흘리게 방귀게 (굴다) 놀라게 아프게

　　观察可以看出，肯定式中一般副词的数量远远多于否定式，肯定式合成副词有 "V + 도록" 和 "ADJ + 게" 两类，而否定式中只有 "ADJ+게" 一类。

　　不论是肯定式还是否定式，合成副词在祈使句中一般都是强化祈使意义的作用，因而不需再分。对于一般副词，我们在去语境影响的条件下按照副词在祈使句中表达弱化还是强化祈使意义的功能将副词分为弱化功能类、强化功能类和中性类三类。

表 8   **韩国语肯定祈使句副词分类**

强化	잘, 한번 (만), 직접, 더, 다, 일찍, 모조리, 어서, 그만, 모두, 제발, 실컷, 똑바로, 꼭, 계속, 먼저 (들), 자꾸, 빨리 (들), 많이, 깨끗이, 똑똑히, 열심히, 조용히, 완전히, 단단히, 가만히, 꾸준히, 자세히…
中性	그저, 우선, 펄쩍, 아주, 자주, 항상, 오래, 그리, 이리, 같이, 가까이, 낱낱이, 깊이, 틈틈히…
弱化	좀, 그냥, 조금 (만), 잠깐 (만), 편히, 서서히, 천천히…

表 9   **韩国语否定祈使句副词分类**

强化	너무, 함부로, 절대 (로), 아예, 모두, 억지로, 더, 더이상…
中性	오래, 가까이…
弱化	좀…

四　终结语尾的变换

韩国语是黏着语，语尾形态比较发达，韩国语祈使句中经常使用语尾变换来实现对祈使意义的强化或弱化功能。例如：

（13）韩国语语尾变换的功能差异

　　a）들어가라/들어가.

　　b）들어가십시오/들어가세요.

　　c）들어갑시다/들어가자.

以上三句祈使句使用了不同的终结语尾，祈使意义的强调程度也存在差别。a）的强制性比较明显，一般是权势地位高的人对下发话；b）的非强制性比较突出，一般是权势地位低的人对上发话；c）一般是话听双方一起施事，组成的是建议句，一般话听者权势地位平等或听者权势地位略低时使用。韩国语肯定祈使句的终结语尾主要有如下几个：

（14）韩国语肯定祈使句语尾

-아라/어라 -거라 - (으) 십시오 - (으) 세요 -아/어/여요
-아/어/여 - (으) ㅂ시다/-자 -게 -려무나/렴 -옵소서

韩国语否定祈使句的终结语尾主要是如下几个:
(15) 韩国语否定祈使句语尾

-지 말아라 -지 마라 -지 마십시오 -지 마세요 -지 말아요
-지 맙시다 -지 말자

根据我们前面的界定标准，表示"许诺"的"-려무나/렴"终结
语尾应该排除在外，我们通过对"21世纪世宗计划"语料库的统计和
이은희（2009）的研究,[①]"-게""-옵소서"等语尾的使用非常有限,
几乎可以忽略不计，也排除在外。我们对韩国语祈使句中使用比较多
的终结语尾按照其与祈使意义的对应关系分类如下。

表 10　　　　　韩国语肯定祈使句终结语尾与祈使意义对应关系

指令执行者	单方执行类		集体执行类
上下位关系	强制性	非强制性	非强制性
祈使意义	命令、要求、指示	请求、希望、提醒	建议、提议、倡议
终结语尾	-아라/어라/거라 -아/어/여	- (으) 십시오/- (으) 세요 -아요/어요/여요	- (으) ㅂ시다 -자

---

① 이은희（2009：81）通过对电视剧剧本和小说等的调查统计发现，"해"体和"하
세요"体为数最多，其次为"해요"体和"하십시오"体，"하게"体和"하오"体基本没
有，具体比例如下。

V1+V2	해	하세요	하십시오	해요	해라	하게	하오	合计 比例
次数	312	182	33	80	25	4	0	636
比例（%）	49.1	28	5.19	12.6	3.9	0.6	0	100

表 11　　　　　　　韩国语否定祈使句终结语尾与祈使意义对应关系

指令执行者	单方执行类		集体执行类
上下位关系	强制性	非强制性	非强制性
祈使意义	禁止、制止	防止、乞免	阻止、劝止
终结语尾	-지 말아라 -지 마라	-지 마십시오/-지 마세요 -지 말아요	-지 맙시다 -지 말자

五　语调的调节

不少学者认为韩国语没有语调，事实上在口语体韩国语中语调的影响还是很明显的，特别是在以"해"体和"요"体做终结语尾的句子中如果排除语调的影响几乎无法分辨出是陈述句还是祈使句，口语中甚至无法分出疑问句。实际使用过程中，根据说话者发话口气和重音的差异，可以表示陈述，也可以表示祈使；可以表示一般祈使，也可以表达强调祈使。因而语调对韩国语祈使句的影响不可小觑。关于韩国语祈使句语调的研究不多，粗略来看，韩国语祈使句的语调与陈述句、感叹句相似，基本也是下降调。韩国语祈使句终结语尾经常和语调搭配使用表达强调意义。我们根据韩国语祈使句终结语尾与语调在实际使用中搭配关系，粗略地作以下分类。

表 12　　韩国语肯定祈使句语调变化与终结语尾、祈使意义对应关系

指令执行者	单方执行类				集体执行类
上下位关系	强制性		非强制性		非强制性
祈使意义	命令、要求、指示		请求、希望、提醒		建议、提议、倡议
终结语尾	-거라 -아/어라	-아/어/여	-(으)십시오 -(으)세요	-아/어/여요	-(으)ㅂ시다 -자
语调特征	平降	平降　骤降	平降	平降　骤降	平降

表 13　韩国语否定祈使句语调变化与终结语尾、祈使意义对应关系

指令执行者	单方执行类					集体执行类
上下位关系	强制性		非强制性			非强制性
祈使意义	命令、要求、指示		请求、希望、提醒			建议、提议、倡议
终结语尾	-지 말 아라	-지 마라	-지 마십 시오 -지 마 세요	-지 말 아요		-지 맙시다 -지 말자
语调特征	平降	平降 / 骤降	平降	平降	骤降	平降

第二节　汉语强调祈使句的句法语义构成

　　张小峰（2009）指出祈使句加强语气（强调）的手段有：1）在祈使句基本式里添加省略掉的主语；2）添加"立即""尽快""务必""一定"类的副词；3）上面手段1）和手段2）同时配合使用。祈使句舒缓语气（弱化祈使句）的手段有：1）添加语气词"吧""啊"等；2）动词后添加动量词，构成"V一V"格式的动词重叠式；3）添加表请求、礼貌的词"请""求"等；4）变换句式，用疑问句形式表祈使；5）添加称呼语；6）以上5种手段的配合叠加使用。我们这里将"强调"分两种意义来理解，一是强化作用，二是弱化作用，即委婉表达。归纳起来，汉语祈使句主要靠主语的隐现和呼语化、谓语的变化和省略、情态词的添加、语气尾词的添加以及语调的调节等手段来实现。正如齐沪扬、朱敏（2005）研究中指出的那样①，实际使用中祈使句的强调表达往往不是只靠一种手段，很多情况下是对两种或两种以上的强调手段进行综合运用。

---

　　① 齐沪扬、朱敏（2005）通过语料分析指出祈使句的主语与句末尾词存在一定共现关系，主语标记性越高语气词使用越多，反之则语气词使用越少。

一　主语的隐现和呼语化

1. 主语的隐现

汉语祈使句主语的省略问题各学者观点也不尽相同，周斌武（1983）认为汉语祈使句主语根本不出现；安妮·桥本（1973）、高明凯（1975）认为祈使句的主语可以"随便删用"；金兆梓（1922）、陈望道（1978）、朱德熙（1982）、胡裕树（1984）等认为主语常常省略；陈建民（1984）不同意祈使句中主语"省略"的说法，认为口语体中祈使句"零句多"，即不认为祈使句零主语现象是"主语—谓语"的删略形态，而是自然形态；刘月华（1985）、马清华（1995）认为祈使句主语省略"并非常态"，他们经过语料统计后指出"祈使句主语在字面上出现与不出现的频率是相差无几的"，马清华（1995）并不否认祈使句主语的省略现象，但指出祈使句主语有时是强制性出现的。沈阳（1994）将祈使句主语省略分为强制省略（但必要时可以补出）和强制出现（但必要时可以省略）两类。朱敏（2005）指出祈使句主语的隐现受到句内因素、语篇因素、语用因素的限制①。齐沪扬、朱敏（2005）通过统计得出主语零形式比例（73.08%）最高，并列出祈使句主语的相对标记模式为"您>咱（我）们>你（们）>零形式"，指出主语的标记性越高则主语出现的强制性越大。徐今（2007）

---

① 句内因素包括 1）当句子中出现强调标记、副词状语以及其他状语标记时，祈使句主语倾向于出现；2）谓语重叠式、连动式等复杂谓语以及谓语后出现复杂后加成分时主语倾向于出现；3）否定祈使句含"不要、不许"等强调标记时，零主语占 63%。语篇因素包括 1）话题主语在信息传达上的作用；2）篇章黏连手段。语用因素包括 1）听者不明确、不在场等因素，尤其二者共同作用时，会强制要求零主语出现；2）当现场听话人有多个，但说话人只选择其中的一部分为听话对象时，往往会用"你/ 你们"加以指别；3）说者加重语气的主观意图也与"你/你们"主语的出现有相当密切的关系；4）说者的重点不在加强语气，而在强调听者本身时，不但应出现代表听话者的显性的主语"你"，而且还要重读。

将祈使句主语隐现分为通常出现、通常不出现、可隐可现三类①。肖应平（2007）指出祈使句句首代词不能省略的四种情形，一是包括发话人在内的句子（"咱们几个支委晚上开会！"）；二是尊称（"您用茶！"）；三是主语兼作称呼语（"二嫂，给点水喝！"）；四是代词在并列结构中（"我守前门，你守后门。"）。他指出句首代词省略类的祈使句的话题性明显要比可省略主语的祈使句话题性要强。张则顺（2011）将祈使句主语隐现分为强制性出现和选择性出现两类②，指出经济性原则和明确性原则为隐现基本原则，礼貌原则发挥调节作用。

总结来看，各学者对祈使句主语的省略并无异议，而是对祈使句主语隐现条件的认识存在差别。我们的统计显示，汉语祈使句主语的隐现之比大约为 1.2：1，祈使句主语省略与出现的比例差别不大。但我们认为省略不是任意的，而是有规律的、有条件的。除了祈使句句法、语义和语用约束之外，强化或弱化祈使意义，也是主语隐现的原因之一。例如：

（16）发话意图与主语隐现

    a）坐！

    b）你坐！

    c）您坐！

---

① 徐今（2007）指出当听者明确而唯一，是祈使句动作行为唯一可能的执行主体，且不是句子焦点所在时，第二人称祈使句主语可隐可现。人称转换、语气、特定词汇（助动词）、泛指特指、是否重复赘余对祈使句主语隐现有较大影响。他指出当呼语和祈使句被某个分句隔开，分句主语和祈使句主语形成人称转换时、强调呼语时，祈使句的第二人称主语倾向出现。当呼语是泛指人称时，祈使句主语倾向于不出现。

② 张则顺（2011）指出祈使句主语强制性出现的原因有句法上并列分句主语差异、语义上［+任务分配］特征、语用上受话人数量以及是否在场和语体限制；祈使句主语选择性出现的原因有句法上祈使前后成分的标记性和复杂程度、语篇上理解难易程度以及衔接方式、人际功能等。

省略主语的"坐"就显得语气生硬，发话具有强制性，而"你坐"就稍显委婉，"您做"就凸显客气和尊敬的语气。由此可以看出主语是否出现与发话者是否强调祈使意义，做何种强调的意图息息相关。

2. 主语的呼语化

汉语祈使句主语的呼语化考察首先要从汉语呼语①的功能入手。肖应平（2005）指出汉语祈使句中称呼语主要有三方面的功能：1）呼唤或招呼功能，引起对方注意或明确话语指向；2）说话人用来明确同听话人之间的社会关系及情感距离，从而为祈请行为定下基调；3）说话人用来拉近（或拉大）同听话人的情感距离，缩短双方心理距离，从情绪上打动、感染对方，以促使听话人积极作出行动。金君卫、汪健（2007）指出呼语的使用是对听者面子威胁的补偿，称呼语是请求行为的重要组成部分。

关于祈使句主语的呼语化，袁毓林（1993）指出汉语祈使句添加呼语，一般是1）有听话者在场，但话者希望的听话者不在场或不是全部在场；2）听话者在场但人数较多、需要确指听者；3）听话人在场但不在听话状态。以上情况下一般需要添加呼语点明听话人并唤起其注意。例如：

（17）"唤起注意"类主语呼语化

　　a）李小刚，快出来吧！

　　b）新来的同学，请听我说！

　　c）张小三，别说话！

需要注意的是，当话者不知道是否存在听话人，更不知道听话人是否在场、是否在听话状态时，即不确定听者时，也能发出祈使句，

---

① 朱德熙（1982）称"呼语"为"称呼句"，金君卫、汪健（2007）认为呼语不仅是语法单位，而且是言语交际单位和语用单位。

但一般不能将主语呼语化。例如：

（18）"听者不定"类主语呼语化

    a）抓小偷！

    b）来人啊！

    c）救命啊！

二　谓语的变化和省略

汉语肯定祈使句谓语的变化主要包括谓语的重叠、谓语部分句式的变换、谓语的省略三部分，其中谓语的重叠包括动词重叠和形容词重叠，谓语部分句式变换主要是将一般祈使句转换为"把"字句，以及趋向动词格式转换。汉语否定祈使句谓语的变化主要体现在谓语部分的句式变换上。

1. 谓语的重叠

祈使句谓语动词重叠式可以分为单音节重叠式和双音节重叠式两大类①。陆俭明（1986）调查指出，单音节动词单独做谓语的句子其实是很少的②。据我们观察和分析单音节动词作祈使句谓语一般需要重叠等方式来实现。

（19）单音节动词重叠式汉语祈使句谓语

    a）"VV"式

---

① 田爱美（2007：9-11）将动词的重叠分为单音节动词重叠和双音节动词重叠两大类，指出元明清汉语中存在以下几类重叠式，其中单音节动词重叠式有"VV"式、"V一V"式、"VOV"式；双音节动词重叠式有"ABAB"式、"AB一AB"式、"AABB"式。现代汉语中"VOV"式和"AABB"式并不多见。

② 陆俭明（1986）指出，"就现代汉语的常用动词看，不能单独作句子谓语的动词大约要占到50%……大约有50%的动词是可以做句子谓语的，但也并不很自由，要受到语义限制……由于上述原因，因此在实际交际中，动词单独做谓语的动词谓语句所占的比例是很小很小的"。（转引自袁毓林1993：46）

看 瞧 听 吃 喝 坐 走 说 谈 讲 尝 问 闻 改 学 陪 揉 过 干 找 抄 回 长 (zhǎng) 送 割 包 住 叫 办 蹬 扫 睡 打 上 生 熬 弄 做 搭 放 搜 当 办 吹 戴 想 抱 发 改 抹 用 住 选 担 摆 拴 扯 通 冲 解

"VV" 式单音节动词重叠式一般不能单用，单用时后面一般省略了宾语，即原本应该是 "VVO" 式，将宾语补全如下：

a′) "VVO" 式

看看电影 瞧瞧孩子 听听歌曲 吃吃饭 喝喝酒 坐坐火车 走走路 说说话 谈谈心 讲讲故事 过过日子 干干活 找找人 抄抄近路 回回家 长长见识 送送包裹 割割麦子 包包饺子 住住旅馆 叫叫孩子 办办事情 蹬蹬车子 扫扫地 睡睡大床 打打电话 上上网

上面 "VV" 式单音节动词重叠式基本都可以用 "V 一 V" 格式来替换并作祈使句谓语。

b) "V 一 V" 式

看一看 瞧一瞧 听一听 吃一吃 喝一喝 坐一坐 走一走 说一说 谈一谈 讲一讲 过一过 干一干 找一找 抄一抄 回一回 长一长 送一送 割一割 包一包 住一住 叫一叫 办一办 蹬一蹬 扫一扫 睡一睡 打一打 上一上

需要注意的是，该格式一般还可以被替换为 "V 了 V" 格式，但替换后的 "V 了 V" 格式一般不能作祈使句谓语，一般构成的陈述句谓语。例如：

b′) "V 了 V" 式

看了看 瞧了瞧 听了听 吃了吃 喝了喝 坐了坐 走了走 说了说
谈了谈 讲了讲 过了过 干了干 找了找 抄了抄 回了回 长了长
送了送 割了割 包了包 住了住 叫了叫 办了办 蹬了蹬 扫了扫
睡了睡 打了打 上了上

上面"V — V"格式单音节动词重叠式基本又可以用"V 一下"
格式来替换并作祈使句谓语，但后面对宾语或状语的要求比较强，语
境具备条件下也可以单说。例如：

c）"V 一下/次"式
看一下 瞧一下 听一下 吃一下 喝一下 坐一下 走一下 说一下
谈一下 讲一下 过一下 干一下 找一下 抄一下 回一下 长一下
送一下 割一下 包一下 住一下 叫一下 办一下 蹬一下 扫一下
睡一下 打一下 上一下 来一趟 去一回 揍一下 绕一圈 受一次
拿一下 提一下 让一下 钻一下 替一下 躺一下 衰一下 下一次
（命令）插一次（旗子）滚一圈 到一次

双音节动词也有重叠式，以下双音节动词可以重叠为"VvVv"
式，并作祈使句谓语。例如：
（20）双音节动词重叠式汉语祈使句谓语

a）"VvVv"式
挪动 争取 盘算 打算 学习 支援 置办 帮助 休息 打听 安排
劝导 转悠 商量 准备 教育 联系 考虑 整治 坚持 调查 介绍
汇报 处理 解释 表示 安静 祝贺 教导 回避 发挥

以上双音节动词重叠后一般需要带宾语或话题化了的主语，
例如：

　　a′）"SVvVv"式

（这件事你再）张罗张罗（你再）打扮打扮（这件事你再）
掂量掂量（这个文件你们）学习学习（你好好）打听打听
支援支援（前线）准备准备（嫁妆）教育教育（孩子）
联系联系（家长）（你再）坚持坚持

以上"VvVv"式双音节动词重叠式基本都可以被替换为"Vv一Vv"格式，并作祈使句谓语。

　　b）"Vv一Vv"式

挪动一挪动 争取一争取 考虑一考虑 商量一商量 休息一休息
调理一调理 请示一请示 张罗一张罗 打扮一打扮 掂量一掂量
学习一学习 打听一打听 支援一支援⋯⋯

双音节动词的重叠式一般还可以被替换为"Vv了Vv"格式，但替换后的"Vv了Vv"格式不能作祈使句谓语，而是作陈述句谓语。例如：

　　b′）"Vv了Vv"式

争取了争取 考虑了考虑 商量了商量 休息了休息 调理了调理
请示了请示 张罗了张罗 打扮了打扮 掂量了掂量 学习了学习
打听了打听 支援了支援 准备了准备 教育了教育 联系了联系
坚持了坚持 调查了调查

以上"Vv一Vv"式双音节动词重叠式又基本都可以被替换为"Vv一下"格式，并作祈使句谓语。例如：

　　c）"Vv一下"式

争取一下 考虑一下 商量一下 休息一下 调理一下 请示一下

张罗一下　打扮一下　掂量一下　学习一下　打听一下　支援一下
准备一下　教育一下　联系一下　坚持一下　调查一下　表示一下
解释一下　对付一下　指导一下

"Vv 一下"格式作祈使句谓语一般也需要带宾语或话题化了的主语，例如：

c′)"Vv 一下 O"式
利用一下（我们的优势）
转移一下（群众）
送交一下（报告）
听从一下（指挥）
服从一下（命令）

［-述人］［-自主］但［+中性］的单音节形容词中大部分都可以重叠为"AA（儿）的"格式作汉语祈使句谓语，但是这里的"的"字一般必须出现。例如：
（21）单音节形容词重叠式汉语祈使句谓语

a）"AA（儿）的"式
慢慢儿的　好好儿的　静静儿的　轻轻儿的　乖乖儿的　紧紧儿的
细细儿的　美美儿的　大大儿的　小小儿的　高高儿的　长长儿的
粗粗儿的　远远儿的　窄窄儿的　厚厚儿的　薄薄儿的　深深儿的
浅浅儿的　方方儿的　圆圆儿的……

［+述人］［+自主］但［+褒义］的双音节形容词一般能够重叠为"AABB 的"格式作汉语祈使句谓语，"的"字一般也不能省略，贬义形容词一般不能进入该格式。例如：

b) "AABB（儿）的" 式

老老实实（儿）的 认认真真（儿）的 客客气气（儿）的

规规矩矩（儿）的 大大方方（儿）的 高高兴兴（儿）的

踏踏实实（儿）的 快快乐乐（儿）的 痛痛快快（儿）的

安安静静（儿）的 稳稳重重（儿）的 简简单单（儿）的

汉语祈使句中谓语重叠后，一般具有可反复性或可持续性。谓语重叠式做祈使句谓语其祈使意义一般弱化，大多用来表示轻微少量意义，祈使句中可以表达婉转祈使的强调意义。

2. 谓语部分句式的变换

谓语部分的句式变换分肯定式和否定式两种来论述。肯定式包括"动结式"到"把"字句式的变换、趋向动词的虚化和移位两大类，其中动结式到"把"字句式的变换时，我们知道"把"字句式是一种强处置式，汉语祈使句谓语中动结式谓语一般可以通过将宾语话题化放到主语的位置，从而将动结式转换为"把"字句式，以达到强调祈使意义的目的，例如：

（22）动结式谓语型汉语肯定祈使句

a）扣住他的房租！

b）吃掉他的"炮"！

c）捆结实他！

上面祈使句动结式谓语可以转换为下面"把"字句式以强调祈使意义。

（23）"把"字句式汉语肯定祈使句

a′）把他的房租扣住！

b′）把他的"炮"吃掉！

c′）把他捆结实！

　　趋向动词的虚化和移位也能实现汉语祈使句谓语句式的变换，趋向动词"来"和"去"的意义虚化后，通过移位表达强调祈使意义。主要是"来/去+V""来/去+V+来/去"和"V+来/去"三种格式之间的转换。

　　（24）"来/去+V"类

　　　a）你来看一看。
　　　b）来商议一下这件事。
　　　c）你去跟舅妈解释。

　　（25）"来/去+V+来/去"类

　　　a）你来看一看来。
　　　b）来商议一下这件事来。
　　　c）你去跟舅妈解释去。

　　（26）"V+来/去"类

　　　a）你看一看来。
　　　b）商议一下这件事来。
　　　c）你跟舅妈解释去。

　　否定祈使句的强调表达可以通过以下三种格式进行转换，这些格式中的谓语重叠大部分是形容词的重叠式，还有少量的熟语等。"把"字句式也可以用于否定祈使句的强调表达。

　　（27）汉语否定祈使句强调表达的三种变换格式

　　　a）"别/不要+AABB的（贬义）"
　　　冒冒失失 随随便便 马马虎虎 急急躁躁 勉勉强强 啰啰唆唆

慌慌张张 犹犹豫豫 叽叽歪歪 婆婆妈妈 撕撕捋捋 磨磨蹭蹭

　　b)"别/不要+A 里 AB 的（贬义）"

糊里糊涂 啰里啰唆 稀里哗啦 花里胡哨

　　c)"别/不要+熟语（贬义）"

长舌头 草鸡胆 窝里反 念藏经 泡蘑菇 打我的牌 闹鬼吹灯

造小情况 胡思乱想 胡说八道 拐弯抹角 咬文嚼字 抢嘴夺舌

谈身份道字号 露出幌子来 骑驴的不知赶脚的苦 啄木鸟

打筋斗——卖弄华丽屁股

　　d)"别/不要+把+O+V 得+太 A"

　　①别把一切事情看得太难！

　　②别把问题看得太简单！

　　③别把门关得太响！

　　上面 d) 否定祈使句的强调式可以通过把宾语主体化，还原为一般否定祈使句。

　　e)"S+别/不要+V 得+太 A"

　　①一切事情别看得太难！

　　②问题别看得太简单！

　　③门别关得太响！

　　此外，有一类格式比较特殊，汉语祈使句"小心/当心/留心 X"格式既可以用于肯定祈使句，也可以用于否定祈使句，但无论是肯定式还是否定式，其意义一般不表示肯定或否定的祈使意义，而是表示提醒或警示意义。主要有"小心/当心/留心+V（动结式）+O""小心/当心/留心+别/不要+V（动结式）+O"和"小心/当心/留心+NP"三类格式，前两类格式都可以通过把宾语提到谓语前转换为"把"字句祈使句，表达强调的提醒或警示意义，第三类格式不行。

（28）"小心／当心／留心×"格式

　　a）"小心／当心／留心+V（动结式）+O"格式
　　①留心打破花瓶。
　　②小心划破他们的脸。
　　③留心弄丢性命。

　　"小心／当心／留心+V（动结式）+O"格式可以通过在"O"前添加"把"字转换为"小心／当心／留心+把+O+V（动结式）"格式。例如：

　　b）"小心／当心／留心+把+O+V（动结式）"式
　　①留心把花瓶打破。
　　②小心把他们的脸划破。
　　③留心把性命弄丢。
　　c）"小心／当心／留心+别／不要+V（动结式）+O"格式
　　①留心别（不要）打破花瓶。
　　②小心别（不要）划破他们的脸。
　　③留心别（不要）弄丢性命。

　　"小心／当心／留心+别／不要+V（动结式）+O"格式可以通过在"O"前添加"别／不要+把"转换为"小心／当心／留心+别／不要+把+O+V（动结式）"格式。例如：

　　d）"小心／当心／留心+别／不要+把+O+V（动结式）"式
　　①留心别（不要）把花瓶打破。
　　②小心别（不要）把他们的脸划破。
　　③留心别（不要）把性命弄丢。
　　e）"小心／当心／留心+NP"格式
　　①小心小偷！

②小心花瓶！

③小心机器！

上面三种格式形态上各不相同（一个是肯定式，一个是否定式，一个是 NP 式），但表达相同的提醒或警示意义。对比语言学中认为这里的否定标记"别"是元语言算子，并不改变逻辑意义，但并未说明其与另外两类之间关系。黄均凤（2005）从"NP"的语义角色上寻找原因，指出由于施事"NP"具有［+危害性］特点，受事"NP"具有［+易损性］特点，所以"小心/当心/留心+NP"歧义。我们认为这是由祈使句发话者的发话意图所决定的，话者为突出话语中所携带的强烈情感，故意使用否定式来表达原本用肯定式就可以表达的内容，意在强调话语内容的重要性，唤起听者足够的注意和重视。充分活用肯定与否定的极性特点，是汉语情感表达的特色之一。但是正如"差点儿没掉下去"与"差点儿掉下去"中"没"的作用一样，"别"和"没"都不是话者真正意图所在，而"小心/当心/留心"和"差点儿"虽是话者强调的核心，却也不是话者"言外之的"，拿"小心机器"来说，话者"言外之的"如果是"担心听者被机器伤到"，则是"小心被机器弄伤"的意思；话者"言外之的"如果是"担心机器被人弄坏"，则是"小心机器被你弄坏"的意思。由此看见，祈使句中预设和话者"言外之的"的重要性。

3. 谓语的省略

汉语祈使句的谓语一般不能省略，但在语境允许的条件下省略谓语，可以简洁地表达强调的祈使意义。袁毓林（1993）论述的非谓语独词命令句实质上就是祈使句谓语的省略所致。祈使句谓语的省略对语境的依赖性很强，只要语境允许，没有歧义，祈使句谓语的省略随处可见。例如：

（29）依赖语境的谓语省略

a）扣下他的房租。

  b）把他的房租扣下。

  c）叫他出去。

  d）到小铺里吃早点去。

  e）慢慢儿地起来。

  f）快别说了。

  a′）他的房租！

  b′）把他的房租！

  c′）叫他！

  d′）到小铺！

  e′）慢慢儿地！

  f′）快别了！

  话者发出一个没有谓语的汉语祈使句，是因为话者预设在当前语境下谓语所承载的信息不是新信息或者不是最重要的信息，而作为"受事结果""对象角色""方向处所""工具方式""程度目的"等角色出现的新信息则一般是话者意志性最强的部分，是话者强调的新信息和语义重心所在，话者预设这些信息是听者不能通过语境自己推知的，因而在句法结构上一般出现，而选择省略谓语。

三　情态词的添加

  陈望道先生认为，助词的作用在于"添显"。助词能够添显组织中需要加强阐明的部分，强调它、渲染它，使助词既加之后，其强弱暗明与未加的时候不同，而这个不同又正是说者所要显示的。张谊生（2000）认为，"切、可、千万、万万、必须、切切、何不"可以用于祈使句中。史金生（2003）认为，主要用于祈使句的还有"高低、不妨"。齐沪扬（2002）指出表"允许"语气的还有"必须、务必"。肖奚强（2002）认为语气副词中只有"千万、切"专职用于祈使句。现代汉语中情态助词与副词之间的区分还比较模糊，学者之间分类标准也各不相同，但有一点比较确定，就是汉语祈使句中情态助词或副词的使用能够改变祈使意义的强调程度。我们暂且搁置名称使用上的争议，将这类词统称为"情态词"。根据我们的整理，经常用于汉语肯定祈使句中的情态词有如下几个：

（30）汉语肯定祈使句中常见情态动词

　　快 先 再 都 请 望 必须 一定 应该 最好 可以 可 也 得 还是 就
　　多 马上 立刻 赶快 好好 慢慢 ……

经常用于汉语否定祈使句的情态词有如下几个：
（31）汉语否定祈使句中常见情态动词

　　千万 万万 请 先 再 一定 可 也 就 还是 最好 当心 小心 留心

我们在去语境影响的条件下按照情态词在祈使句中表达弱化还是强化祈使意义的功能将情态词分为弱化功能类、强化功能类和中性类三类。

表 14　　　　　　　　　　**汉语肯定祈使句情态词分类**

强化	快、都、必须、一定、马上、立刻、赶快
中性	先、再、可以、可、也、就、还是、得、应该、最好
弱化	请、望、多、好好、慢慢

表 15　　　　　　　　　　**汉语否定祈使句情态词分类**

强化	千万、万万、一定
中性	先、再、可、也、就、还是、最好
弱化	请、当心、小心、留心

四　语气尾词的添加

范晓（1998）认为，祈使句句末的语气词一般用"吧"或"啊"。孙汝建（1999）认为"啊"和"吧"都能出现在祈使句末尾，但表示禁止的祈使句不能用"吧"。齐沪扬（2002）认为"吧"的最大用途是用于祈使句。赵元任、朱德熙、吕叔湘、邢福义、刘钦荣指出"吧"并不完全是祈使句的句末尾词或语气词，因为"吧"有时用于疑问句。张小峰（2009）通过对话剧中"吧"字句进行考察①发现，"吧"主要用于祈使句中。我们的统计显示，汉语肯定祈使句句末语气词主要有"吧""啊""呀"等。汉语肯定祈使句句末尾词主要有"吧""啊""呀"等，一般不能用"了"。汉语否定祈使句句末语气词主要有"了""啊""呀"等，一般不能直接用"吧"。

我们对汉语祈使句中经常出现的语气尾词按照其与祈使意义的对应关系分类如下：

表 16　　汉语肯定祈使句语气尾词与祈使意义对应关系

指令执行者	单方执行类		集体执行类
上下位关系	强制性	非强制性	非强制性
祈使意义	命令、要求、指示	请求、希望、提醒	建议、提议、倡议
终结语尾	无标记	吧、啊、呀	吧

表 17　　汉语否定祈使句语气尾词与祈使意义对应关系

指令执行者	单方执行类		集体执行类
上下位关系	强制性	非强制性	非强制性
祈使意义	禁止、制止	防止、乞免	阻止、劝止
终结语尾	无标记	了、啊、呀	了

五　语调的调节

高美淑（2008：152）指出汉语祈使句语音特点为"祈使句和陈述句都呈高音线骤落形式，祈使句低音线起伏较小，低音点比陈述句相应部分要高，呈弱上敛形式"。刘丹青、郭晓丹、路继伦（2008）指出汉

---

① 张小峰（2009）通过对话剧中"吧"字句进行考察发现，带"吧"的祈使句278句，占63.3%；疑问句93句，占20.5%；陈述句13句，占2.9%；感叹句0句，占0%。

语弱祈使的起始与结束边界调有下倾的趋势，要比普通陈述句的下倾更明显。沈炯（1994）指出"高音线骤落和低音线上敛是普通的祈使语调"。马清华（1995）指出祈使句语调有宽、严两种理论，罗常培（1956）、蒋维崧（1957）、张志公（1959）、赵元任（1968）、吕冀平（1983）、吴启主（1986）、胡明扬（1987）持宽式观点，认为祈使句的句尾语调一般下降，偶尔也用升调或平长调；黄伯荣（1957）、华宏仪（1980）、桂灿昆（1985）、刘月华（1985）、李明（1986）、张静（1986）、邢公畹（1992）、劲松（1992）持严式观点，认为祈使句除尾调（主调 primary contour）下降这个主特征外，在调域等方面还有一些副特征，如节奏快、音节间歇短，祈使句起降幅度大，是"逐渐下降的低降语调"。马清华（1995）不同意按语调对祈使句进行分类，他指出语调、语气、口气之间是互相联系的多对多的关系，认为按语调来区分句类不但不能证明语调对祈使句的决定作用，反而在一定程度上否定了祈使句在句类上的合法性。尽管以上观点各异，但都不能否认祈使句中语调对祈使意义表达的影响作用。我们根据汉语祈使句语气尾词与语调在实际使用中搭配关系，粗略地作以下分类。

表 18　　汉语肯定祈使句语调变化与语气尾词、祈使意义对应关系

指令执行者	单方执行类			集体执行类
上下位关系	强制性		非强制性	非强制性
祈使意义	命令、要求、指示		请求、希望、提醒	建议、提议、倡议
终结语尾	无标记		吧、啊、呀	吧
语调特征	平降	骤降	平降	平降

表 19　　汉语否定祈使句语调变化与语气尾词、祈使意义对应关系

指令执行者	单方执行类			集体执行类
上下位关系	强制性		非强制性	非强制性
祈使意义	禁止、制止		防止、乞免	阻止、劝止
终结语尾	无标记		了、啊、呀	了
语调特征	平降	骤降	平降	平降

第三节　韩汉强调祈使句的认知语用特征对比分析

一　韩汉强调祈使句的句法语义构成差异

韩汉语强调祈使句中所谓的"强调"是指通过各种手段将祈使意义进行强化或弱化表达，在语言的实际使用中是比较复杂的，祈使意义的强化或弱化表达往往不只使用一种手段，而是对两种或多种手段的综合运用。

从宏观上来看相同点是，韩汉强调祈使句表达手段都主要靠主语的隐现和呼语化、谓语的变化和省略、副词或情态词的添加、语调的调节等手段来实现。

从类型学的宏观角度看，韩国语属于黏着语，比孤立语的汉语终结语尾形态发达，祈使句中韩国语可以通过更换不同的终结语尾来表达强调意义，而汉语则通过添加语气尾词来实现。从微观来看，韩汉强调祈使句在谓语变化、副词或情态词的添加等方面存在不小的差异。

谓语变化上，除了在谓语省略上韩汉语具有相同点外，不同之处是韩国语主要通过添加"-어 보다""-어 주다""-어 두다""-어 버리다""-어 내다"等补助动词实现祈使意义的弱化或强化，而汉语则主要通过谓语的重叠、谓语部分句式的变换来实现。汉语祈使句谓语的重叠十分丰富，主要包括动词重叠和形容词重叠。谓语部分句式变换主要是将带宾语的一般祈使句转换为"把"字句，以及趋向动词虚化和移位后产生的格式转换。在韩汉祈使句的否定式上，相比于肯定祈使句谓语的变化，两种语言共性较强，韩汉否定祈使句的谓语变化都比较有限。韩国语除了补助动词"-어 주다"的添加略多一些之外，其他补助动词的添加十分有限。而汉语否定祈使句谓语的变化也仅限于谓语部分句式变换上存在形容词的重叠式以及带宾语一般祈使句的"把"字句转换式等。

副词或情态词的添加上，韩汉语祈使句强调表达中的"强化"类

副词或情态词的比例几乎都多于"弱化"功能类的副词或情态词。但是，用于韩国语强调祈使句的副词数量远远多于汉语强调祈使句中的情态词，且韩国语经常通过在动词后添加"－도록"或在形容词后添加"－게"等实现副词（结构）的扩大化，而汉语没有这种手段。

韩汉祈使句强调表达的否定式上存在较多共性，两种语言强调祈使句的否定式中副词或情态词数量远远少于肯定式，且韩国语祈使句否定式副词（结构）只限于在形容词后添加"－게"，在动词后添加"－도록"一般不能用在韩国语祈使句否定式中。

二　韩汉强调祈使句的认知语用特点

1. 主观性

韩汉祈使句主观性的研究是语言研究的重要课题。认知语法认为主观性（subjectivity）是指语言表达中包含着讲话人的态度和情感，即话语中含有的讲话人"自我表现"的成分，与主观性息息相关的两个重要因子就是主观化（subjectification）和语法化（grammaticalization），主观化主要研究语言为表达这种主观性如何采用相应的结构形式加以编码，或语言结构形式如何经过演变而获得表达主观性的功能。语法化主要研究实意性词语和表达式（以及典型的概念结构）在语言发展过程中能够逐渐演变虚化（或显性）成为稳定的语法标记或手段、抽象语法构造或惯用表达的过程和结果[①]。主观性与语法化、主观化正相关，语法化程度越高，主观化程度越高，主观性越强；反之则主观化程度越低，主观性越弱。

我们从韩汉强调祈使句表达手段的差异来观察两种语言主观性的差别，要先从韩汉强调祈使句谓语以及副词或情态词的语法化角度入手。如上所述，韩国语强调祈使句谓语变化主要通过添加后缀，而汉语主要通过谓语重叠使用，韩国语强调祈使句谓语后缀具有较强的能产性，而汉语强调祈使句谓语叠用也具有较强的可复制性，这两种高

---

①　参看王寅（2006）对语法化的定义以及语法化、主观化与主观性之间关系的解析。

度语法化了的谓语变化手段是韩汉祈使句谓语适应各自语言特点的产物，主观化程度很高，因而具有很强的主观性。这一点也能够反向证明韩汉强调祈使句否定式与肯定式的不对称现象，韩汉强调祈使句否定式谓语变化十分有限，是因为韩汉强调祈使句否定式的谓语本身主观性就不高，而是主要依靠否定标记的强主观性才构成对祈使句的强调，换句话说，韩汉强调祈使句否定式的主观性高低有赖于否定祈使标记的主观性，而很少依赖谓语。

2. 凸显

认知语法认为人类能够集中注意力、确定焦点的认知能力是"凸显（prominence）"的认知基础，"凸显"与"背景""视角"等相互依存、密切相关，语法构造在很大程度上被认为是"话者对周围环境进行的概念化过程的反映"，即注意力的"凸显"原则。现实世界中多数看似矛盾的"对子"，类似"动与静""高与低""主观与客观"都存在"凸显"的问题，即习惯上语言总是"以静凸显动""以低凸显高""以客观凸显主观"。这些关系放在韩汉祈使句研究中依旧成立。韩汉强调祈使句中副词或情态词的添加恰恰就是"以静凸显动、以客观凸显主观"，将话者所要表达的意志、情感部分焦点化的结果。强调祈使句是高度主观化了的祈使句，在凸显主观性的编码过程中韩汉强调祈使句发生了不同的变化，韩国语形态比较发达，用加缀手段将副词扩大化以凸显主观性；汉语词汇功能强大，通过异干交替等词汇手段凸显情态词在汉语强调祈使句中主观性。"肯定与否定"也是语言主观性凸显中的重要内容，各语言习惯"以肯定凸显否定"故而否定失掉了普遍性，否定式的祈使句更倾向于表达强调祈使意义。需要指出，"凸显"应当是有层级的，各语言凸显层级可能会有所差别，但在韩汉强调祈使句中，假如一个祈使句中出现了多个可供凸显的因素，否定似乎总是先于其他因素被凸显出来，其次才是副词或情态词等主观性的凸显，从这个角度来讲，"否定"凸显的级别是要高于"主观性"的凸显的。

第五章

韩汉间接祈使句的表达和认知语用特征

　　世界上多数语言都可以用一种句子表达多种意义，也可以用多种句子表达一种意义，前者如歧义句，后者如间接言语行为句。根据 Blum - Kulka（1987）实施的《跨文化言语行为表现方式计划》调查显示，这种现象具有跨语言的普遍性，但是各语言使用上存在不同特点。在正式讨论间接祈使句之前我们先来看间接言语行为与间接祈使句的关系。

第一节　间接言语行为与间接祈使句的关系

　　Austin（1962）认为人类言语发话同时伴随着三种行为，即话语行为（locutionary act）、话语施事行为（illocutionary act）和话语施效行为（perlocutionary act）。Searle（1979）最早区分了显性施为句和隐性施为句，即直接言语行为和间接言语行为。他指出显性施为句的"字面语力（literal force）"（一般是靠句子中的施为动词表达）能够直接表达"施事语力（illocutionary force）"，而隐性施为句是"通过实施另一种施事行为的方式来间接的实施某一施事行为"。即句子本身不是施为句，"施事语力（illocutionary force）"的表达需要通过对"字面语力（literal force）"进行推导才能得出，需要"推导过程"的言语行为就是间接言语行为。Searle（1979）进一步归纳了指令类间接言语行为的六大类型①。

---

　　①　转引自兰晓霞《中国学习者韩国语"请求-拒绝"对话研究》，2013 年第 28 期。

（1）句子涉及话者希望听者实施的动作或行为（A），如：

I would like you to/ I want you to/I'd rather you didn't/I hope you will...

（2）句子涉及听者实施的动作或行为（A），如：

Can you/Could you/Are you able/Have you got...

（3）句子涉及听者实施动作或行为（A）的能力，如：

Will you/Would you/Won't you/Aren't you...

（4）句子涉及听者实施动作或行为（A）的意愿，如：

Would you be willing to/Do you want to/Would it be convenient for you to...

（5）句子涉及听者实施动作或行为（A）的理由；如：

You ought to/You should/Must you/Ought you/You had better...

（6）把上述形式中的一种嵌入到另一种中，或者在上述任何一种形式中嵌入一个指令类显性施为动词所得到的句子，如：

Would you mind awfully if I asked you if you could/Might I ask you...

Searle 的分类是宏观的，几乎所有比较成熟的语言都具有以上间接言语行为，然而具体到各语言本身来看，必然存在很多自身的特点。

韩国语和汉语"祈使"行为应属于典型的指令类言语行为，一般而言，从句法与语义的对应关系来考虑，韩国语"祈使"行为一般用命令句或共动句来表达，汉语"祈使"行为一般用祈使句来表达，但有时却存在祈使句不表"祈使"意义，而表"祈使"的句子不一定是祈使句的情况。

1. 韩国语以下句子①从形态来看是祈使句但并不是表"祈使"意义。

（1）祈愿义韩国语祈使句

　　a）바람아, 불어라.
　　b）철수야, 건강해라.
　　c）행복해라.

（2）当下威胁义韩国语祈使句

　　a）너 절대로 움직이지 말고 그대로 있어봐라.
　　b）한번 덤벼봐라.
　　c）한번만 더해봐라, 가만 두지 않겠다.

（3）将来威胁义韩国语祈使句

　　a）나한테 돈만 생겨봐라.
　　b）대학에 들어가기만 해봐라.
　　c）이놈들, 기다려봐라.

2. 汉语以下句子从形态上看是祈使句，但是表达的并非"祈使"意义。

（4）祈愿类汉语祈使句

　　a）生日快乐！
　　b）一路顺风！

---

① 其中例句（2）和（3）为电影剧本中句子，例句（1）参看고성환《국어 명령문에 대한 연구》，2003，31。

c）让暴风雨来得更猛烈些吧！

（5）当下威胁义汉语祈使句

　　a）你千万别动，好好待在那儿啊！
　　b）来，你再给我说一遍！
　　c）你再动一次我看看！

（6）将来威胁义汉语祈使句

　　a）你等着！
　　b）别让我再见到你！
　　c）走着瞧，我会让你好看！

　　上面韩国语和汉语的句子都具备祈使句的形式却表达"祈使"之外的其他意义。其中（1）是表"祈愿"或"希望"；（2）是表"威胁"或"警告"；（3）是表"愤恨"或"发狠"。同样，表"祈使"的句子也不一定就是祈使句，这一点可以通过我们对语料的统计①看出来。

表 20　　　　　　　**韩汉祈使意义表达情况对应调查**

韩国语			汉语		
句类	数量	比例	句类	数量	比例
命令句	278	59.91%	祈使句	1136	85.93%
共动句	28	6.04%			
陈述句	115	24.78%	陈述句	102	7.72%
疑问句	31	6.68%	疑问句	67	5.07%
感叹句	12	2.59%	感叹句	17	1.29%
合计	464	100%	合计	1322	100%

---

　　①　韩国语统计对象为《가시고기》和《무정》两部韩汉对译小说（字数总计 35 万字），汉语统计对象为《野火春风斗古城》汉韩对译小说（字数总计 35 万字）。

从上表来看，韩国语"祈使行为"并非全部使用祈使句来表达，其中60%左右的"祈使行为"用祈使句来表达，有40%左右的"祈使行为"用陈述句、疑问句和感叹句来表达，其中25%左右的陈述句，7%左右的疑问句，6%左右的共动句以及不足3%的感叹句。汉语"祈使行为"也并非全部使用祈使句来表达，其中86%的"祈使行为"用祈使句来表达，14%左右的"祈使行为"使用陈述句、疑问句和感叹句来表达，其中有近8%的陈述句，5%左右的疑问句和1%左右的感叹句。

由此看来，句法形态和句子意义并不存在简单的一一对应的关系，而是交叉重叠的。间接祈使句相比于直接祈使句在语义表达和语用功能上特征明显不同。间接祈使句要么具有话者主观意志的传达，要么具有语用上的某种意义。韩国语和汉语均有使用间接言语行为句来表达祈使意义的情况。下面我们从肯定和否定两个方面来看韩国语和汉语"间接祈使行为"表达及其特点和诱因。为保持体系一致性和完整性，我们采用"间接祈使句"的说法而不再使用"间接祈使行为"。需要指出的是这里的"间接祈使句"虽然属于间接言语行为中的间接指令行为之一，但与句法层面的间接祈使句存在本质区别，前者侧重语义、语用表达在句法选择上间接性；后者侧重同一句法表达内部语义的间接性，两者不是一个概念。

第二节　韩国语间接祈使句的表达与认知语用特征

韩国语间接祈使行为可以用陈述句、疑问句、感叹句来表达。我们分别用陈述式间接祈使句、疑问式间接祈使句、感叹式间接祈使句来表示。间接祈使句又可以分为肯定式和否定式两大类。

一　韩国语肯定义间接祈使句

韩国语肯定间接祈使句可以分为陈述式肯定间接祈使句、疑问式肯定间接祈使句、感叹式肯定间接祈使句。

（一）陈述式肯定义间接祈使句

陈述式肯定间接祈使句大致可以分为如下四类：

1. 指出客观必要性

话者通过指出客观必要性向听者传递自己的意志或意愿，代表性语尾形态有"－（게/도록）아야/어야/여야 하다""－ㄹ 필요가 있다""－지 않을 수가 없다"等。例如：

（7）客观必要型韩国语间接肯定祈使句

　　　a）실력을 한 단계 높이기 위해서는 남은 기간동안 마무리 학습을 철저하게해야한다．[동아일보사，2002]
　　　b）대학의 전형방법에 맞게 차근차근 준비하는 것이 합격을 보장하는 길임을 명심할필요가있다．[동아일보사，2002]
　　　c）지금과 같은 상황에서 고개를 숙이지않을수없다．（至善语料库）

2. 阐述话者对听者的希望或忠告

话者直接指出自己对听者的希望或忠告，代表性语尾形态有"－기를 바라다""－（으）면 하다/싶다/좋겠다/고맙겠다""－는 게 좋겠다"等。例如：

（8）希望或忠告型韩国语间接肯定祈使句

　　　a）과실이 있었다면，양해해 주시기바랍니다．（至善语料库）
　　　b）나는 두 팀이 비겼으면좋겠다．
　　　c）심전도 검사를 하는것이좋겠습니다．

3. 话者提出可供听者参考的见解或建议

话者提出自己的见解或建议供听者选择或参考，代表性语尾形态有"－지 않을까 싶다""－지 않을까 보다""－나 보다"等。例如：

（9）建议型韩国语间接肯定祈使句

a) 저는 이렇게 하면 더 쉽<u>지않을까싶습니다</u>.

b) 저는 느린 것보다 그만두는 게 더 걱정<u>되지않을까합니다</u>.

c) 수신이 잘 안 되<u>나봅니다</u>.

4. 提出担心或忧虑

话者指出自己的担心或忧虑，意在让听者提出自己的见解或进一步确认动作行为的可行性。代表性语尾形态有"-을까 모르겠다""-(지 않) 을까 걱정이다"等。例如：

（10）担心或忧虑型韩国语间接肯定祈使句

a) 이 걸 살 사람이 있을까 모르겠네.

b) 난 느린 것을 걱정하지 않고, 중도에 그만 두게 되지 않을까 걱정한다.

c) 나는 지금까지 안재욱이 이렇게 목도 쉬고 힘도 다 빠질 정도로 고함치는 것을 들어 본적이 없었으며, 심지어는 그의 약한 심장이 이런 고함을 감당할 수 있을까 걱정이 됐다.

（二）疑问式肯定义间接祈使句

疑问式肯定间接祈使句大致可以分为如下五类。

1. 询问听者动作或行为的能力

话者通过询问听者动作或行为的能力，向听者传递自己的需求或要求，从而达到祈使目的。代表性语尾形态有"-ㄹ 수 있니/-ㄹ 수 있겠니/-ㄹ 수 있어요/-ㄹ 수 있습니까/-ㄹ 수 있을까 （요）""-ㄹ 수 없니/-ㄹ 수 없겠니/-ㄹ 수 없어요/-ㄹ 수 없습니까/-ㄹ 수없을까 （요）"等。例如：

（11）询问能力型韩国语间接肯定祈使句

a) 작자가 시 속에 담고자 했던 감정을 네가 정확하게 말할 수 있겠니?

b）이렇게 많은 쌀을 손대중할 수 있겠니?

c）네 말 톤 좀 낮출 수 없겠니?

2. 询问听者动作或行为的意愿

话者通过向听者征求某一动作或行为的意愿，期待听者予以配合或给予帮助。代表性语尾形态有"-는 게 어떻니/-는 게 어떻습니까/-는 게 어떨까（요）/-는 게 어때（요）""-（지 않）을까（요）""-지 않아요/-잖아요、-（지 않）을래（요）""-（지 않）겠니/겠어요/겠습니까""-（으）면 안되니/-（으）면 안됩니까/-（으）면 안될까（요）/-（으）면 안돼요""-아/어도 되니/-아/어도 됩니까/-아/어도 될까（요）/-아/어도 돼요"等。例如：

（12）询问意愿型韩国语间接肯定祈使句

a）일요일날 대청소를 하는 게 어때요?

b）사장남하고 통화할수 있을까요?

c）그 사람 좀 만나보실래요?

d）이 단추 좀 달아주시겠어요?

e）오늘이 바쁘니까 내일 가면 안돼요?

f）솔직히 얘기해도 돼요?

3. 追问听者动作或行为的指使者或原因

话者通过追问听者动作或行为的指使者表达对该事件不可理解，从而对正在发生的事情表达"制止"或对已经发生的事情表达"责备"的意义。代表形态为"누가""왜"等。

（13）询问动作指使者或原因型韩国语间接肯定祈使句

a）누가 너에게 불을 끄게 했니?

b）누가 너에게 이렇게 뜨거운 차를 마시게 했니?

c）왜 말을 안 들어?

4. 明知故问

话者向听者确认某一共知信息，顺势暗示听者予以行为上的回应。此时话者发话前已经知道这一情况却故意做出疑问，意在突出言外之意，因而我们可以称之为"明知故问"。这种表达一般是否定式疑问句。例如：

（14）明知故问型韩国语间接肯定祈使句

    a）안 추워요?

    b）덥지않으세요?

    c）가짜는 아니겠지요?

5. 旁敲侧击

话者故意不直接言明自己的意愿或希望，而是通过询问与自己发话意图相关的另一事件暗示听者予以主动提出，我们可以称之为"旁敲侧击"类。这类疑问句大部分用否定式，部分也可以使用肯定式。例如：

（15）旁敲侧击型韩国语间接肯定祈使句

    a）오후에 시간이 있으세요?

    b）너한테 돈이 없어?

    c）배가 안 고파요?

（三）感叹式肯定义间接祈使句

感叹式肯定间接祈使句一般通过夸张式感叹某一事实来暗示客观需求或必要，从而使听者发出某一行为予以回应。韩国语一般通过感叹句语尾"–네（요）"来表达。例如：

（16）感叹型韩国语间接肯定祈使句

    a）음식이 다 식었네!

    b）지갑이 없어졌네!

　　c) 교실에서 좀 덥<u>네요</u>!

　　Grice（1975）在讨论"会话合作原则"时指出说话者采取的更为模糊的、暗指的言语行为方式叫隐含（implicature），并区分了隐含的两种方式，即规约隐含（conventional implicature）和非规约隐含（unconventional implicature）①。规约隐含的情况下，听者可直接以语言知识理解说话者的语义；非规约隐含的情况下，说话者采用某些方式包装他的语言，使得听者必须透过语境等其他背景方能理解话者的意思。Searle（1979：36-39）指出间接言语行为分为规约性（conventional）间接言语行为和非规约性（non-conventional）间接言语行为两类，其中非规约性间接言语行为推导过程比较复杂，主要依靠语境和话听双方的共有信息来推导；规约性间接言语行为则一般能够通过惯性推导得出。根据言语行为的隐含程度或可推导程度，我们把韩国语肯定间接指令行为表达方式整理为表 21 所示。

表 21　　　　　韩国语肯定间接指令行为表达方式归类

表达方式 句类	规约性间接指令行为		非规约性间接指令行为	
	发出方式	代表形态	发出方式	代表形态
陈述式	指出客观必要性	-어야 하다 -ㄹ 필요가 있다 -지 않을 수가 없다	提出担心或忧虑	-을까 모르겠다 -(지 않)을까 걱정이다
	阐述话者对听者的希望或忠告	-기를 바라다 -(으)면 하다 -(으)면 싶다 -(으)면 좋겠다 -(으)면 고맙겠다 -는 게 좋겠다		
	话者提出可供听者参考的见解或建议	-지 않을까 싶다 -지 않을까 하다 -나 보다		

---

　　① Grice（1975）指出非规约隐含（unconventional implicature）也称为会话隐含（conversational implicature），转引自何兆熊（2000），《新编语用学概要》，第 153—166 页。

表达方式　　　句类	规约性间接指令行为		非规约性间接指令行为	
	发出方式	代表形态	发出方式	代表形态
疑问式	询问听者动作或行为的能力	-ㄹ 수 있/없니 -ㄹ 수 있/없겠니 -ㄹ 수 있/없을까 (요)	追问听者动作或行为的指使者或原因	누가… 왜（안）…
	询问听者动作或行为的意愿	-는 게 어떻니 -（지 않）겠니 -（으）면 안돼요 -아/어도 돼요 -（지 않）을까（요） -（지 않）을래（요） -지 않아요 -잖아요	明知故问类	안 추워요? 덥지 않으세요? 가짜는 아니겠지요?
			旁敲侧击类	오후에 시간이 있어요? 너한테 돈이 없어? 배가 안 고파요?
感叹式			暗示需求或必要	음식이 다 식었네! 지갑이 없어졌네! 교실에서 좀 덥네요!

二　韩国语否定义间接祈使句的表达与认知语用特征

韩国语否定式间接祈使行为可以分为陈述式否定间接祈使句、疑问式否定间接祈使句和感叹式否定间接祈使句等。

（一）陈述式否定义间接祈使句

陈述式否定间接祈使句可以分为如下四类。

1. 指出客观失当性

话者通过指出某事客观上的失当性，从而阻止听者将发出的动作或提醒听者可能出现的危险。代表性语尾形态有 "-는 것（일）이 아니다" "-ㄹ 리가 없다" 等。例如：

（17）客观失当型韩国语间接否定祈使句

a）섣불리 예단할 일이 아니다.

b）진실로 쉬운 일이 아니다.

c）천천히 걸으면 넘어지지 않고 조심하면 잘못될 리가 없다.

2．指出充分性

话者通过指出某事客观或主观量上的充足性，阻止听者继续做某事或即将做某事。代表性语尾形态有"-ㄹ 필요가 없다""-아/어도 되다"等。例如：

（18）过量型韩国语间接否定祈使句

a）우리가 이렇게 할 필요가 없다.

b）너는 말하지 않아도 돼, 그가 알아서 처리할 수 있을 테니까.

c）나의 일은 너가 걱정하지 않아도 된다.

3．阐述话者意志、希望或意见

话者直接向听者阐述自己的意志、希望或意见，阻止听者开始或继续进行某动作或行为。代表性语尾形态有"-아/어서는 안되다""-(으) 면 안되다"等。例如：

（19）建议型韩国语间接否定祈使句

a）주색에 빠져서는 안된다

b）인생을 경시하면 안된다.

c）교수님의 훈유를 잊어서는 안 된다.

（二）疑问式否定义间接祈使句

疑问式否定间接祈使句可以分为如下四类。

1．询问听者动作或行为的能力

话者通过询问听者避免实施某一动作或行为的能力，要求听者不做某事。代表性语尾形态有"-지 않을 수 없니/-지 않을 수 없어요/-

지 않을 수 없습니까/-지 않을 수없을까 (요) " "어떻게…-ㄹ 수 있겠
니" "-ㄹ 필요가 있겠니" 等。例如:

(20) 询问能力型韩国语间接否定祈使句

　　a) 계집애야! 성가시게 안할 수 없니?

　　b) 이렇게 옮기면 어떻게 힘을 쓸 수 있겠니?

　　c) 모두 한 집안 가족인데, 뭘 그렇게 남처럼 대할 필요가
있겠니?

2. 询问听者动作或行为的想法或初衷

话者通过询问听者坚持实施某一动作或行为的想法或初衷, 表达
话者对听者行为的不解或阻止。代表性语尾形态有 "-는 게 어떻니/-
는 게 어떻습니까/-는 게 어떨까 (요) /-는 게 어때 (요)" "- (으)
면 안되니/- (으) 면 안됩니까/- (으) 면 안될까 (요) /- (으) 면
안돼요" 等。例如:

(21) 询问想法型韩国语间接否定祈使句

　　a) 솔직히 얘기하면 안 돼요?

　　b) 좀더 스스럼없이 말하는 것이 어떻습니까?

　　c) 저 정말 이 책이 필요하거든요, 어떻게 좀 안될까요?

3. 追问听者动作或行为的原因理由或指使者

话者通过追问听者动作或行为的原因或理由, 表达对听者动作或
行为的不解或阻止。代表性语尾形态有 " 왜 -니/-ㅂ니까/-ㄹ까
(요) /-아요/-어요/-여요" "- (으) 면 어떻게 해" "무슨 소용이 있
겠어요" "뭐하나" 等。例如:

(22) 询问动作指使者或原因型韩国语间接否定祈使句

　　a) 중도에서 나 몰라라 하고 나가자빠지면 어떻게 해?

　　b）왜 소린 지르고 그래요?

　　c）누가 너에게 불을 끄게 했니?

（三）感叹式否定义间接祈使句

感叹式否定间接祈使句一般是话者通过对某一不符合实际事实的情况进行夸张式感叹，从而对听者的提议或请求表示否认，从而达到拒绝或阻止对方行为发话目的。韩国语一般通过感叹句语尾"－네（요）"来表达。例如：

（23）感叹型韩国语间接否定祈使句

　　a）바빠 죽겠네!

　　b）그날 약속이 있네!

　　c）난 집에 없어!

根据 Grice（1975）和 Searle（1979）对间接言语行为的隐含程度和可推导程度的分析和分类，我们把韩国语否定间接指令行为表达方式整理为表 22 所示。

表 22　　　　　韩国语否定间接指令行为表达归类

表达方式 句类	规约性间接指令行为		非规约性间接指令行为	
	发出方式	代表形态	发出方式	代表形态
陈述式	指出客观失当性	-는 것（일）이 아니다 -ㄹ 리가 없다	指出客观充分性	-ㄹ 필요가 없다 -아/어도 되다
	阐述话者不希望或否定性意见	-아/어서는 안되다 -（으）면 안되다		
疑问式	询问听者不执行动作或行为的能力或可能	-지 않을 수 없니 -ㄹ 필요가 있겠니 어떻게 -ㄹ 수 있겠니	询问听者动作或行为的原因理由或指使者	왜 -니 누가…안… -（으）면 어떻게 해? 무슨 소용이 있겠어요? 뭐하냐?
	询问听者动作或行为的意愿	-는 게 어떻니 -（으）면 안되니 -（으）면 안될까（요）		

续表

表达方式	规约性间接指令行为		非规约性间接指令行为	
句类	发出方式	代表形态	发出方式	代表形态
感叹式			暗示不赞同或拒绝	바빠 죽겠네! 그날 약속이 있네! 난 집에 없어!

第三节　汉语间接祈使句的表达与认知语用特征

汉语间接祈使行为可以用陈述句、疑问句、感叹句来表达。我们分别用陈述式间接祈使句、疑问式间接祈使句、感叹式间接祈使句来表示。间接祈使句又可以分为肯定式和否定式两大类。

一　汉语肯定义间接祈使句

汉语肯定间接祈使句可以分为陈述式肯定间接祈使句、疑问式肯定间接祈使句和感叹式肯定间接祈使句。

（一）陈述式肯定义间接祈使句

陈述式肯定间接祈使句大致可以分为如下四类。

1. 指出客观必要性

话者通过指出客观必要性向听者传递自己的意志或意愿，代表性结构形态有"应该、必须、一定"等。例如：

（24）客观必要型汉语间接肯定祈使句

　　a）这种行为必须依法严惩。

　　b）应该事先告诉他。

　　c）这件事一定要弄个水落石出。

2. 提出假设

话者通过提出自己认为听者能够实现的假设或条件，向听者传达自己的要求或需求。代表性结构为"如果/若是＋你＋能/可以……的话"。例如：

（25）假设型汉语间接肯定祈使句

　　　a）以下进行的问卷调查，如果能得到您的答复，我们将感到十分荣幸。

　　　b）你如果能破译我保险箱的密码，里面所有的钱就都归你。

　　　c）如果能再给我一次机会，我会爱你到天长地久。

3. 阐述意志、希望或意见

话者通过阐述自己的意志、希望或意见向听者传达请求或要求。代表性结构为"我＋想/认为/觉得/希望……"例如：

（26）建议型汉语间接肯定祈使句

　　　a）我想买一些纪念邮票。

　　　b）我认为她活儿做得太毛糙。

　　　c）明天要出发，我觉得太仓促。

4. 指出担心或忧虑

话者通过指出自己的担心或忧虑，对听者的动作或行为表达提醒或要求听者进一步确认。代表性结构为"（我担心/害怕/想/不知道）会不会/是否会/能不能……"例如：

（27）担心或忧虑型汉语间接肯定祈使句

　　　a）不知道纸箱够不够坚固。

　　　b）这东西不知道有没有人会买。

　　　c）我不是怕他慢，而是怕他中途放弃。

（二）疑问式肯定义间接祈使句

疑问式肯定间接祈使句有如下五类。

1. 询问听者动作或行为的能力

话者通过询问听者实施某一动作或行为的能力，向听者传达自己的需求，从而期待对方予以配合或施加帮助。代表性格式为"你+能/能不能/能否/可否/可以/可不可以……"例如：

（28）询问能力型汉语间接肯定祈使句

    a）你能否保证我的安全？

    b）你能不能帮我查查现在还有没有空房？

    c）你可以告诉我事发当天你在哪儿吗？

2. 询问听者动作或行为的意愿

话者通过询问听者对某一动作或行为的意愿，向听者确认动作的可执行性或争取听者许可，从而让对方作出承诺或协助。代表性格式为"你+愿意/愿不愿意/觉得/觉不觉得……"或"……可以/不可以吗？"例如：

（29）询问意愿型汉语间接肯定祈使句

    a）为了孩子，你愿意当牛做马吗？

    b）你觉得我替你去怎么样？

    c）我跟你一起去不可以吗？

3. 追问听者保持某一状态的原因或理由或指使者

话者通过追问听者保持某一状态的原因或理由，表示自己对该状态的不解，从而暗示听者改变当下状态。代表性结构有"谁叫你……的？""为什么/为什么不……呢？""……做什么？""怎么/怎么不……了？"例如：

（30）询问动作指使者或原因型汉语间接肯定祈使句

    a）为什么不进来？

    b）大白天拉着窗帘做什么？

    c）你们怎么不吭声？

4. 明知故问

话者对有关听者的某一事实明明知道，却通过明知故问向听者确认该共知信息，一般意在传达"催促"或"埋怨"之意。代表性结构有"我是不是……?"或"你不是……（了）吗？"等。例如：

（31）明知故问型汉语间接肯定祈使句

    a）我是不是有本书在你那儿？

    b）你不是要睡觉吗？

    c）你不是走了吗？

5. 旁敲侧击

话者不直接表达自己对听者的想法或要求，通过旁敲侧击的方式向听者询问有关实现该想法或要求的相关前提或条件，从而让听者主动发问或主动做出某一动作或行为。代表性结构为"难道……吗?""你/谁有……?"等。例如：

（32）旁敲侧击型汉语间接肯定祈使句

    a）难道你不冷吗？

    b）下午有时间吗？

    c）谁有铅笔？

（三）感叹式肯定义间接祈使句

感叹式肯定间接祈使句一般通过夸张式感叹某一事实来暗示客观

需求或必要，从而使听者发出某一行为予以回应。

（33）感叹型汉语间接肯定祈使句

　　a）菜都凉了！

　　b）我累了！

　　c）家里没米了！

表 23　　　　　　汉语肯定间接指令行为表达方式归类

表达方式 句类	规约性间接指令行为		非规约性间接指令行为	
	发出方式	代表形态	发出方式	代表形态
陈述式	指出客观必要性	这件事＋应该、必须、一定	话者提出自己认为听者能够实现的假设或条件	如果/若是＋你＋能、可以……的话
	阐述话者意志、希望或意见	我＋想、认为、觉得、希望……	提出担心或忧虑	（我担心/害怕/想/不知道）会不会/是否会/能不能……
疑问式	询问听者动作或行为的能力	你＋能（不能/否）、可以（不可以）……	询问听者动作或行为的原因理由或指使者	为什么（不）……呢？ ……做什么？ 怎么（不）……了？ 谁叫你（不）……的？
	询问听者动作或行为的意愿	你＋愿意（不愿意）…… 你觉得（不）……怎么样？ 你觉得（不）……（不）可以吗？	明知故问类	我是不是有本书在你那儿？
			旁敲侧击类	你不冷吗？ 下午有时间吗？
感叹式			暗示需求	菜都凉了！ 我累了！

二　汉语否定义间接祈使句

汉语否定间接祈使句可以分为陈述式否定间接祈使句、疑问式否定间接祈使句和感叹式否定间接祈使句。

（一）陈述式否定义间接祈使句

陈述式否定间接祈使句大致可以分为如下三类。

1. 指出客观失当性

话者直接指出某一动作或行为的客观失当性，向听者表达"劝止"或"制止"的祈使意义。代表性结构有"不能/不可以……""……是不对的""……是不行的"等。

（34）客观失当型汉语间接否定祈使句

　　a）不能把读书当作入仕的敲门砖。
　　b）不管怎样，打骂孩子是不对的。
　　c）做事情只凭热情，盲干是不行的。

2. 指出充分性

话者通过指出某事在客观或主观量上的充足性，阻止听者开始或继续某一动作或行为。代表结构为"不必/不需/不用……（了）"。例如：

（35）过量型汉语间接否定祈使句

　　a）不必辩白了，大家都知道真相了。
　　b）这块地已经很实了，不需要再砸了。
　　c）你的表拿到钟表修理店去修一下就可以了，不用买新的。

3. 阐述话者否定性意志、希望或意见

话者直接向听者阐述自己的意志、希望或意见，阻止听者开始或继续进行某动作或行为。代表性结构为"我不想/不认为/不觉得/不希望（你/你们）……"例如：

（36）建议型汉语间接否定祈使句

　　a）我不想听任何解释。

　　b）我不相信你们哪一个敢去通风报信。

　　c）我不希望听到任何关于他的风言风语。

（二）疑问式否定义间接祈使句

疑问式否定间接祈使句主要有如下四类。

1. 询问听者动作或行为的能力或意愿

话者通过询问听者避免实施某一动作行为的能力或意愿，要求听者不做某事。代表性结构为"你就不能不/不会不……吗？"

（37）询问能力或意愿型汉语间接否定祈使句

　　a）你就不能不走吗？

　　b）你就不能不在课上睡觉？

　　c）你不会不理她呀？

2. 询问听者动作或行为的想法或初衷

话者通过询问听者坚持实施某一动作或行为的想法或初衷，表达话者对听者行为的不解或阻止。代表性结构为"你就非得/甘愿……吗？"例如：

（38）询问想法型汉语间接否定祈使句

　　a）你就非得这样才好？

　　b）你就甘愿做他们的走狗？

　　c）你就非得走吗？

3. 追问听者动作或行为的原因理由或指使者

话者通过追问听者动作或行为的原因或理由，表达对听者动作或行为的不解或阻止。代表结构有"谁让/叫你（不）……的？""为什么/怎么能……呢？""非得……吗？""……做什么/干什么？""怎么……了（的）？"等。例如：

（39）询问动作指使者或原因型汉语间接否定祈使句

　　　a）怎么能和不懂事的孩子一般见识呢？

　　　b）干吗折腾不相干的人呢？

　　　c）谁让你喝这么烫的茶？

（三）感叹式否定义间接祈使句

　　感叹式否定间接祈使句一般是话者通过夸张式感叹某一事实来暗示否认或拒绝，从而促使听者结束当前行为或打消某种想法。

（40）感叹型汉语间接否定祈使句

　　　a）真不小气！

　　　b）好个不声张！

　　　c）您真不惹人注目！

表24　　　　　　　　汉语否定间接指令行为表达方式归类

表达方式／句类	规约性间接指令行为		非规约性间接指令行为	
	发出方式	代表形态	发出方式	代表形态
陈述式	指出客观失当性	这件事＋不能、不可以…… ……是不对的 ……是不行的	指出客观充足性	这件事＋不必、不需、不用……
	阐述话者否定性意志、希望或意见	我＋不想、不认为、不觉得、不希望＋你/你们		
疑问式	询问听者动作或行为的能力或意愿	你＋就＋不能（不）、不会（不）……吗？	询问听者动作或行为的原因理由或指使者	谁让/叫你（不）……的？ 为什么（非得）……呢？ 怎么能……呢？ ……做什么？ 怎么……了？
			询问听者动作或行为的想法或初衷	你＋就＋非得、甘愿……吗？
感叹式			暗示否认或拒绝	真不小气！ 好个不声张！

第四节　韩汉间接祈使句表达的认知语用对比分析

一　韩汉间接祈使句表达的认知语用差异

宏观来看，韩国语和汉语间接祈使句都可以用陈述句、疑问句、感叹句等来体现，其中每类句子都能表达肯定和否定两类祈使意义。从句子与意义之间的规约性强弱看，疑问句表祈使意义最具有规约性且表达方式最多元化，其次是陈述句规约性也比较强，感叹句规约性最差。

韩国语和汉语中采用陈述句、疑问句、感叹句表达祈使意义的方式基本相同，肯定祈使意义的表达上，陈述句主要通过"指出客观必要性""提出担心或忧虑""话者提出可供听者参考的见解或建议""阐述话者对听者的希望或忠告"等方式；疑问句主要通过"询问听者动作或行为的能力""询问听者动作或行为的意愿""询问听者动作或行为的原因理由或指使者""旁敲侧击""明知故问"等方式；感叹句主要通过夸张感叹现实状况消极性"暗示需求或必要"的方式。否定祈使意义的表达上，陈述句主要通过"指出客观失当性""阐述话者不希望或否定性意见""指出客观充分性"等方式；疑问句主要通过"询问听者不执行动作或行为的能力或可能""询问听者动作或行为的意愿""询问听者动作或行为的原因理由或指使者"等方式；感叹句主要通过夸张感叹现实状况积极性"暗示不赞同或拒绝"的方式。比较来看，否定祈使意义的间接祈使句手段比肯定祈使意义的表达手段要少得多。

微观来看，韩国语和汉语表达的差别主要在于肯定和否定表达的不对称性上。这一点在疑问句和感叹句上体现最明显。韩国语用否定式疑问句表达肯定祈使意义的句子比汉语要多，主要采用"否定＋疑问"格式表达肯定祈使意义，而用否定式感叹句表达肯定祈使意义的句子比汉语要少，相反主要采用肯定式感叹句表达否定祈使意义。反过来，汉语经常用肯定式疑问句表达肯定祈使意义，而多用否定式感叹句表达肯定祈使意义。

二　韩汉间接祈使句表达的认知语用解释

间接祈使句是间接言语行为的典型代表，对间接祈使句出现和使用动因的解释有赖于对间接言语行为的动因的解释。我们从间接言语行为与直接言语行为的关系、间接言语行为的发出方式、间接言语行为发出的动因等方面加以分析。

关于间接言语行为与直接言语行为的关系，语用学上存在四种代表性观点，分别是：

第一种观点是习语论观点，大致认为间接言语行为是直接言语行为的习惯化的结果，缺点是语言形式与功能缺乏关联性，这一观点遭到很多质疑。

第二种观点是推理论观点，大致认为间接言语行为是直接言语行为在特定条件下经过一系列推理过程推导出来的，代表人物是 Searle（1975），这一观点虽然广为接受，但缺点是并未摆脱习语论的缺陷。

第三种观点是根本不承认存在间接言语行为，而认为所谓的直接和间接的差别是由话者发话内容距离话者意图之间的步骤多少的差别造成的，代表人物是 Leech（1983）。

第四种观点也不承认间接言语行为的存在，而认为所谓的直接和间接言语行为只不过是话语不同的关联程度造成的，代表人物是 Sperber 和 Wilson（1986）。

以上四种代表性的观点看似冲突，其实并不矛盾而且各有道理，从不同角度对间接言语行为进行分析自然会得出不同的解释。我们认为直接言语行为和间接言语行为本身是一个连续体，直接言语行为是间接言语行为的载体，间接言语行为是直接言语行为的灵魂。不论是习语论还是推理论，都承认句子意义的推理和概括有赖于语言形式本身，即间接言语行为（隐含义或语用义）依赖于直接言语行为（字面义或句法义）。间接祈使句与直接祈使句的关系也是如此，直接祈使句是字面义的直接表达，依赖于句法，对语境的依赖性很小，而间接祈使句是隐含义或语用义的规约性表达，对语境的依赖性很大。

间接祈使句的使用一般会违反一些会话原则，例如语言的经济性原则。从间接言语行为的使用方式来看，语用学角度大都认为间接言语行为的发出是对 Grice（1975、1978）提出的"合作原则"的违反，即主要是违反了真实准则、适量准则、相关准则，方式准则中的一种或几种。

间接祈使句的使用一般不是盲目的，而是有目的的，而且这种目的是使用直接祈使句难以直接达到的。从间接言语行为的发出动因来看，语用学上认为是间接话语本身功能双重性和"礼貌原则""面子保全论"的互动的结果，间接话语本身功能的双重性是间接言语行为得以实现的句法基础，"礼貌原则"与"面子保全论"是间接言语行为得以实现的语用保障。

第六章

结　　语

　　本书主要从肯定祈使句、否定祈使句、强调祈使句、间接祈使句四个方面对比分析了韩国语和汉语祈使句的异同，并从句法语义、语用、认知、语言类型学角度进行了特点归纳和解释。

　　韩汉语肯定祈使句的对比，主要基于韩国语和汉语肯定祈使句主语和谓语的基本构成描写，总结了两种语言在主语和谓语上的特点，指出了韩汉肯定祈使句中主语和谓语构成上的共性和个性特征。通过对比发现，韩汉肯定祈使句在主语构成方面差别不大，通常都要求听者主语，因而具有［+述人］特征。在谓语构成方面存在差异，韩国语肯定祈使句谓语多用他动词和他动词性结构作谓语，形容词数量较少。汉语肯定祈使句作谓语的动词性结构远远多于韩国语，动词通常要具有［+自主性］［+可控］的特点，部分褒义形容词也可做肯定祈使句谓语。韩汉祈使句主语和谓语构成上都体现了语言的生命度特点，不同的是由于两种语言类型学上的差别，韩国语祈使句倾向于采用形态型祈使，汉语祈使句倾向于采用词汇型祈使。

　　韩汉否定祈使句的对比，主要基于韩国语和汉语否定祈使句谓语和否定标记的基本构成描写，总结了两种语言在谓语和否定标记上的特点，指出了韩汉否定祈使句中谓语和否定标记构成上的共性和个性特征。对比发现，相较于肯定祈使句韩汉语否定祈使句谓语要单一的多，但形容词要略多一些，且多为贬义性。韩国语否定祈使句谓语多用自动词和他动词，而汉语否定祈使句谓语多用动词结构。韩汉否定

祈使句在否定标记的数量和意义上存在不对称性。韩国语祈使句否定标记"-지 말다"主要表示"劝阻或禁止"意义；汉语"别"既可以表示"劝阻或禁止"又可以表示"提醒"和"揣测"。两种语言的否定祈使句都具有歧义性和预设性特点。韩国语否定祈使句表达1）"结束当下某一动作、行为"；2）"阻止某一预期行为或事态的发生"两种基本意义。汉语否定祈使句式主要用来表达1）"阻止某一预期行为或事态的发生"；2）"结束当下正在进行的动作、行为"；3）"提醒或警告某一危险或不良后果"三种意义。韩汉否定祈使句否定标记的语法化程度并不相同，汉语"别"的语法化程度高于韩国语"-지 말다"的语法化程度，韩汉否定祈使句在否定意义的类别归属上存在差异，韩国语否定祈使句大多是无标记否定，汉语否定祈使句大多是有标记否定。

　　韩汉强调祈使句的对比，主要从韩汉语祈使句主语的隐现和呼语化、谓语的变化和省略、副词或情态词的添加、终结语尾的变换或句末尾词的添加、语调的调节等方面进行了对比分析和总结。宏观来看，韩汉祈使句所使用的强调表达手段差别不大，只是由于韩汉语自身特殊性韩国语可以通过更换不同的终结语尾来表达强调祈使意义，而汉语则可以通过添加语气尾词来实现。但是从微观来看，谓语变化上，韩国语主要通过添加补助动词实现祈使意义的弱化或强化，而汉语则主要通过谓语的重叠、谓语部分句式的变换来实现。在韩汉祈使句强调表达的否定式上，两种语言的谓语变化都比较有限。韩国语多用"-어 주다"补助动词，而汉语多体现在句式变换上。在副词或情态词的添加方面，韩汉语祈使句强调表达中的"强化"类副词或情态词的比例几乎都多于"弱化"功能类的副词或情态词。但韩国语祈使句强调表达的副词数量远远多于汉语祈使句强调表达中的情态词，且韩国语经常通过在动词后添加"-도록"或在形容词后添加"-게"等实现副词（结构）的扩大化，而汉语没有这种手段。相较于两种语言的肯定式，用于否定式的情态词或副词数量都比较有限，这一点两种语言差别也不是很大。韩汉强调祈使句表达手段尽管存在一些细微

的差别，却存在相似的认知基础。首先都通过谓语部分的变化突出话者主观性，韩国语主要是词缀的语法化手段，汉语主要是谓语叠用和句式变换，主要是词汇化手段。认知"凸显"在韩汉强调祈使句中都有体现，凸显具有层级性，韩汉强调祈使句的否定式中，否定概念的凸显要先于主观性的凸显。

　　韩汉间接祈使句的对比，主要基于韩汉相同祈使意义的间接言语行为表达，即用非祈使句子表达韩国语和汉语的祈使意义。我们分别从肯定式和否定式两个方面进行分类分析和整理。肯定祈使意义的表达上，陈述句主要通过"指出客观必要性""提出担心或忧虑""话者提出可供听者参考的见解或建议""阐述话者对听者的希望或忠告"等方式；疑问句主要通过"询问听者动作或行为的能力""询问听者动作或行为的意愿""询问听者动作或行为的原因理由或指使者""旁敲侧击""明知故问"等方式；感叹句主要通过夸张感叹现实状况消极性"暗示需求或必要"的方式。否定祈使意义的表达上，陈述句主要通过"指出客观失当性""阐述话者不希望或否定性意见""指出客观充分性"等方式；疑问句主要通过"询问听者不执行动作或行为的能力或可能""询问听者动作或行为的意愿""询问听者动作或行为的原因理由或指使者"等方式；感叹句主要通过夸张感叹现实状况积极性"暗示不赞同或拒绝"的方式。

　　韩国语和汉语间接祈使句的差别主要在于肯定和否定表达的不对称性上。这一点在疑问句和感叹句上体现最明显。韩国语用否定式疑问句表达肯定祈使意义的句子比汉语要多，主要采用"否定＋疑问"格式表达肯定祈使意义，而用否定式感叹句表达肯定祈使意义的句子比汉语要少，相反主要采用肯定式感叹句表达否定祈使意义。反过来，汉语经常用肯定式疑问句表达肯定祈使意义，而多用否定式感叹句表达肯定祈使意义。

　　韩汉语表达祈使意义时不选择直接祈使句而是选择间接祈使句是基于多种考虑的，首先从间接祈使句的句法基础上，必须具备句法功能的二重性上；其次从间接祈使句的语用约束上，一般必须有语境或前后文提供语用保障；再次，从间接祈使句的发话意图上，表达祈使意义的本意是取得对方的支持或帮助，但祈使行为本身是失礼的或是威胁到别人面子的，因而为了能够顺利实现祈使意图有必要让渡"经济性原则"而遵循"礼貌原则"，违反"会话合作原则"从而保全对方的面子。

由于语言本身的复杂性和作者能力所限，本研究在以下几个方面尚存不足：

（1）本研究没有涉及韩汉祈使句历时角度考察和对比研究。

（2）行文过程中规避了主语争议和传统句法分类中存在的问题。

（3）时间所限，未能对韩汉祈使句、特别是对韩汉间接祈使句进行话语分析角度的研究，只能留待以后进一步完善。

参考文献

Austin, J., *How to Do Things with Words*, Oxford University Press, 1962.

Blum Kulka, House&Kasper, *Cross‒Cultural Pragmatics: Requests and Apologie*, Ablex Publishing Corporation, 1987.

Leech, G. N., *Principles of Pragmatics*, London: Longman, 1983.

Lyons, J., *Semantics*, Cambridge University Press, 1977.

Palmer, F. R., *Mood and Modality*, Cambridge University Press, 1986.

Ross, A., *Directives and Norms*, London, 1968.

Sadock, J. M., *Toward a Linguistic Theory of a Speech Acts*, Academic Press, 1974.

Searle, J.R., *Expression and Meaning*, Cambridge University Press, 1979.

Searle, J. R., *Speech Acts*, Cambridge University Press, 1969.

Stephen C.Levinson, S., *Pragmatics*, Cambridge University Press, 1983.

Thomas, J., *Meaning in Interaction: An Introduction to Pragmatics*, Longman, 1995.

Yule, G., *Pragmatics*, Shanghai Foreign Language Education Press, 2000.

강연임, 한국어 담화와 생략, 이회문화사, 2005.

고광모, 명령법 어미 "‒게" 의 기원과 형성 과정, 한글, 2002 년 제 2 기.

고성환, 국어 명령문에 대한 연구, 역락, 2003.

고성환, 현대국어 명령문에 대한 의미·화용론적 연구, 박사학위논문, 서울대학교, 1996.

고영근, 국어형태론 연구, 서울대학교출판부, 1989.

고영근, 보충법과 불완전계열의 문제, 어학연구, 1987 년 제 3 기.

고영근, 표준 중세국어 문법론 (개정판), 탑출판사, 1993.

곽선연, 영어의 간접화행의 의미론적 분석, 석사학위논문, 충남대학교, 1985.

구자은, 화용론과 담화, 울산대학교출판부, 2005.

권경원, 명령문의 의미론적 분석, 현대영어영문학, 2003 년 제3 기.

김가람, 한국어 요청 전자우편 쓰기 교수·학습 연구, 석사학위논문, 서울대학교, 2011.

김다정, 영어 명령문의 통사적 특징에 관한 연구, 석사학위논문, 한국외국어대학교, 2009.

김미나, 한국의 영어 학습자의 화용적 이해 책략에 관한 연구, 석사학위논문, 서울대학교, 1997.

김선호, 한국어의 행위요구월 연구, 박사학위논문, 건국대학교, 1988.

김영란, 한국어 금지 표현의 형식과 기능, 석사학위논문, 상명대학교, 1998.

김종영, 나치 언어에 나타난 요구적 성격의 분석적 연구, 박사학위논문, 단국대학교, 1994.

김종영, 요구의 분석 소고, 독일문학, 1988 년 제 4 기.

김종택, 국어 화용론, 형설출판사, 1982.

김태자, 발화 분석의 화행 의미론적 연구, 탑출판사, 1987.

도야, 한국어와 중국어 요청 표현방식의 사용상황에 대한 대조 연구, 석사학위논문, 한국외국어대학교, 2011.

박금자, 국어의 명령표현 연구, 관악언어연구, 1987 년 제 2 기.

박양규, 주어의 생략에 대하여, 국어학, 1980 년 제 9 기.

박양숙, 현대 중국어 부정명령문에 출현하는 '了'의 기능 연구, 석사학위논문, 서울대학교, 2008.

박영순, 국어 요청문의 의미에 대하여, 주시경학보, 1992 년 제1 기.

박영순, 국어 청유문의 구조와 의미, 태룽어문, 1992 년 제 5 기.

박영순, 한국어 문장 의미론, 박이정, 2001.

박영순, 현대 한국어 통사론 (개고판), 집문당, 1993.

박영예, 영한 화용 대조 분석, 석사학위논문, 서울대학교, 1990.

박영준, 국어 명령문 연구, 박사학위논문, 고려대학교, 1992.

박영준, 명령문의 국어사적 연구, 국학자료원, 1994.

박영준, 현대국어 명령문 연구, 석사학위논문, 고려대학교, 1987.

박은석, 현대중국어 명령문 연구, 석사학위논문, 서울대학교, 2002.

박현덕, 한국어와 일본어 명령형에서의 경어법 대조연구, 석사학위논문, 서울대학교, 2010.

서정수, 개정 현대 한국어 문법 연구의 개관, 한국문화사, 1996.

서정수, 국어문법 (수정 증보판), 한양대학교 출판원, 1996.

서정수, 국어문법, 뿌리 깊은 나무, 1994.

서태룡, 국어의 명령형에 대하여, 국어학, 1985 년 제 4 기.

성지은, 고등학교 교과서와 ESL 교재의 요청문에서 나타난 공손전략 비교연구, 석사학위논문, 인하대학교, 2008.

성화수, 영한 화행 대조분석, 석사학위논문, 서울대학교, 2005.

송경숙, 담화 화용론, 한국문화사, 2003.

양택선, 국어의 명령법에 대한 사적 고찰, 석사학위논문, 서울대학교, 1984.

오영두, 중세국어 명령법의 신고찰, 석사학위논문, 국민대학교, 1984.

윤석민, 현대국어의 문장 종결법 연구, 박사학위논문, 서울대학교, 1996.

윤이령, 한국어와 스페인어 화행 대조 분석, 석사학위논문, 서울대학교, 2004.

이기문, 국어사 개설, 민중서관, 1972.

이명희, 중국어권 학습자를 위한 한국어 화행 교육 연구, 박사학위논문, 서울대학교, 2010.

이성영, 표현 의도의 표현 방식에 대한 화용론적 연구, 박사학위논문, 서울대학교, 1994.

이익섭, 국어학개설, 한국 방송 통신 대학교 출판사, 2000.

이정민, 부정명령의 분석, 어학연구, 1977 년 제 3 기.

이정은, 요청의 상호행위 현상 연구, 석사학위논문, 연세대학교, 1996.

이종철, 국어 표현의 화용론적 연구, 역락, 2004.

이준영, 현대 한국어 종결어미의 의미 분석, 석사학위논문, 건국대학교, 1983.

이준희, 간접화행, 역락, 2000.

이준희, 국어의 간접 화행에 관한 연구, 박사학위논문, 한양대학교, 1999.

이현정, 한국어 대화체 문장의 화행 분석, 석사학위논문, 서강대학교, 1996.

장경희, 대화 함축에 의한 간접 화행의 분석, 석사학위논문, 경북대학교, 1994.

장경희, 청유 화행에 대한 수락과 거절, 텍스트언어학, 2000 년 제 6 기.

장석진, 한국어 화행동사의 분석과 분류, 어학연구, 1987 년 제3 기.

장석진, 화용과 문법, 탑출판사, 1993.

장석진, 화용론 연구, 탑출판사, 1985.

장석진, 화행의 이론과 실제, 어학연구, 1984 년 제 2 기.

정민주, 한국어 요청 화행 표현 연구, 석사학위논문, 서울대학교, 2003.

정재은, 국어의 간접 화행에 관한 몇 가지 연구, 석사학위논문, 한국외국어대학교, 1994.

조성훈, 현대국어의 명령표현 연구, 석사학위논문, 서울대학교, 1989.

차순일, 현대 중국어 명령문의 통사구조 연구, 석사학위논문, 연세대학교, 1986.

채영희, 시킴월의 유형에 대하여, 우리말 연구, 1993 년 제 3 기.

채영희, 우리말 명령법 연구, 석사학위논문, 부산대학교, 1985.

최경자, 국어 명령문의 화행분석, 석사학위논문, 서울대학교, 1985.

최현배, 우리말본, 정음문화사, 1971.

허웅, 우리옛말본, 샘문화사, 1975.

홍종선, 국어 부정법의 변천연구, 석사학위논문, 고려대학교, 1980.

白秀梅:《现代蒙古语祈使句研究》，硕士学位论文，内蒙古大学，2008。

陈爱文:《汉语词类研究和分类实验》，北京大学出版社 1986 年版。

陈国华:《称谓动作与英语祈使句的分类》，《外语教学与研究》1984 年第 3 期。

陈珺、李向农:《祈使句中状态形容词的句法语义分析》，《汉语学报》2005 年第 3 期。

陈望道:《文法简论》，上海教育出版社 1978 年版。

陈艳丽:《现代汉语中的隐性否定祈使句》，硕士学位论文，浙江师范大学，2007。

崔桂花:《"把字句"考》，硕士学位论文，首尔大学，2008。

戴耀晶:《现代汉语时体系统研究》，浙江教育出版社 1997 年版。

丁声树:《现代汉语语法讲话》，商务印书馆 1961 年版。

范晓：《汉语的句子类型》，书海出版社 1998 年版。

范晓：《汉语句字的多角度研究》，商务印书馆 2009 年版。

方霁：《现代汉语祈使句的语用研究（上）》，《语文研究》1999 年第 4 期。

方霁：《现代汉语祈使句的语用研究（下）》，《语文研究》2000 年第 1 期。

方岩：《英汉祈使句对比研究》，硕士学位论文，吉林大学，2010。

冯光武：《直接/间接言语行为的不确定性》，《广东外语外贸大学学报》2002 年第 2 期。

付佳：《汉日祈使句对比研究》，硕士学位论文，吉林大学，2012。

傅惠钧、陈艳丽：《略论隐性否定祈使句》，《汉语学习》2007 年第 3 期。

高丽萍：《试论英语祈使句的语法化和主观化》，《中国外语》2010 年第 2 期。

高美淑：《汉语祈使句语调研究》，博士学位论文，北京大学，2001。

高明凯：《汉语语法论》，商务印书馆 1986 年版。

高增霞：《"吧"字祈使句的使用条件》，《语文研究》2010 年第 2 期。

高增霞：《疑问祈使句》，硕士学位论文，山东师范大学，2000。

龚千炎：《汉语的时相、时制、时态》，商务印书馆 1995 年版。

顾曰国：《John Searel 的言语行为理论：评判与借鉴》，《国外语言学》1994 年第 3 期。

顾曰国：《John Searle 的言语行为理论与心智哲学》，《国外语言学》1994 年第 2 期。

郭锦俘：《汉语声调语调阐要与探索》，北京语言学院出版社 1993 年版。

郭晓丹：《汉语祈使句语调初探》，硕士学位论文，天津师范大学，2007。

郭志良：《试论能愿动词的句法结构及语用功能》，《中国语文》1993

年第 3 期。

　　何兆熊：《语用学概要》，上海外语教育出版社 1989 年版。

　　侯国金、廖巧云：《指令间接性与虚拟空间》，《外语学刊》2003 年第 4 期。

　　胡明扬：《语气助词的语气意义》，《汉语学习》1988 年第 6 期。

　　胡颖：《先秦祈使句研究》，硕士学位论文，华中科技大学，2007。

　　黄伯荣：《陈述句、疑问句、祈使句、感叹句》，上海教育出版社 1985 年版。

　　黄国营：《句末语气词的层次地位》，《语言研究》1994 年第 1 期。

　　黄均凤：《"小心 X 祈使句研究》，硕士学位论文，华中师范大学，2005。

　　江蓝生：《禁止词"别"考源》，《语文研究》1991 年第 1 期。

　　姜慧英：《"别 X" 祈使句研究》，硕士学位论文，东北师范大学，2008。

　　焦蕊：《双重否定祈使句"别不 X"论析》，硕士学位论文，华中师范大学，2005。

　　金颖梅：《韩汉肯定祈使句对比》，硕士学位论文，延边大学，2010。

　　金兆梓：《国文法之研究》，商务印书馆 1983 年版。

　　鞠金城：《韩国语间接指令行为表达及其特点和诱因》，《韩国语教学与研究》2013 年第 3 期。

　　鞠金城：《韩国语命令句的研究现状和文献综述》，《东方学术论坛》2014 年第 4 期。

　　鞠金城：《汉语祈使句研究的现状和展望》，《동방학술논단》2013 年第 3 期。

　　兰晓霞：《中国学习者韩国语"请求-拒绝"对话研究》，博士学位论文，上海外国语大学，2013。

　　黎锦熙：《新著国语文法》，商务印书馆 2000 年版。

　　李红霞：《近代汉语祈使句研究》，硕士学位论文，苏州大学，2009。

　　李军：《使役性言语行为分析》，《语言文字应用》2003 年第 3 期。

李临定:《现代汉语动词》,中国社会科学出版社 1990 年版。

李临定:《现代汉语句型》,商务印书馆 1986 年版。

李明强:《浅谈韩语中的命令句》,《语言文字》2009 年第 10 期。

李圃:《现代汉语功能祈使句研究》,《语言文字应用》2009 年第 2 期。

李庆生:《论言语与行为的可观察性》,《外语教学与研究》2001 年第 2 期。

李淑玲:《否定祈使句的心理加工过程》,硕士学位论文,河南师范大学,2007。

李艳霞:《现代汉语祈使句联》,硕士学位论文,华中师范大学,2007。

李勇忠:《祈使句语法构式的转喻阐释》,《外语教学》2005 年第 2 期。

梁银峰:《汉语趋向动词的语法化》,学林出版社 2007 年版。

刘大为:《言语行为与言说动词句》,《汉语学习》1991 年第 6 期。

刘国辉:《间接言语行为取向的隐含动因探讨》,《山东外语教学》2001 年第 4 期。

刘红:《祈使句的显主语和隐主语》,《外语与外语教学》2002 年第 7 期。

刘森林:《语用策略与言语行为》,《外语教学》2003 年第 3 期。

刘影:《对俄汉语祈使句教学设计》,硕士学位论文,吉林大学,2012。

陆俭明、马真:《现代汉语虚词散论》,北京大学出版社 1985 年版。

吕叔湘:《现代汉语八百词》,商务印书馆 1980 年版。

吕叔湘:《疑问·否定·肯定》,《中国语文》1985 年第 4 期。

吕叔湘:《中国文法要略》,商务印书馆 1985 年版。

马凤霞:《"歧路灯"祈使句研究》,硕士学位论文,苏州大学,2010。

马建忠:《马氏文通》,商务印书馆 1983 年版。

马清华：《论汉语祈使句的特征问题》，《语言研究》1995 年第 1 期。

马清华：《现代汉语祈使句研究》，博士学位论文，南京师范大学，1988。

马庆株：《自主动词和非自主动词》，《中国语言学报》1989 年第 3 期。

马松亭：《汉语语法修辞》，山东教育出版社 1982 年版。

孟维亮：《会话中祈使句的批判性分析》，硕士学位论文，黑龙江大学，2008。

彭飞：《汉语对话中"别"类否定祈使句的话语功能》，《广东外语外贸大学学报》2012 年第 2 期。

彭可君：《副词"别"在祈使句里的用法》，《汉语学习》1990 年第 2 期。

齐沪扬、朱敏：《现代汉语祈使句句末语气词的选择性研究》，《上海师范大学学报》2005 年第 2 期。

齐沪扬：《语气词与语气系统》，安徽教育出版社 2002 年版。

邵霭吉：《马氏文通句法理论研究》，中国社会科学出版社 2005 年版。

邵敬敏、罗晓英：《"别"字句语法意义及其对否定项的选择》，《世界汉语教学》2004 年第 4 期。

沈家煊：《不对称和标记论》，江西教育出版社 1999 年版。

沈阳：《祈使句主语省略的不同类型》，《汉语学习》1994 年第 1 期。

施关途：《关于"省略"和"隐含"》，《中国语文》1994 年第 2 期。

石佩雯：《四种句子的语调变化》，《中国语文》1980 年第 2 期。

石毓智：《语法的形式和理据》，江西教育出版社 2001 年版。

束定芳：《隐喻与转喻研究》，上海外语教育出版社 2011 年版。

宋春阳、李琳：《"别 + V + 了 + NP"句式及相关问题》，《汉语学习》2003 年第 3 期。

宋红晶：《现代汉语祈使句语力研究》，硕士学位论文，苏州大学，2010。

孙淑芳：《塞尔言语行为理论综述》，《解放军外国语学院学报》1999

年第 3 期。

　　孙淑芳：《隐含祈使的间接言语行为句》，《外语学刊》2001 年第 3 期。

　　索振羽：《语用学教程》，北京大学出版社 2000 年版。

　　谭梅：《汉英祈使句对比研究》，硕士学位论文，四川师范大学，2009。

　　田爱美：《元明清祈使句研究》，硕士学位论文，华中科技大学，2007。

　　宛新政：《"（N）不 V"祈使句的柔劝功能》，《世界汉语教学》2008 年第 3 期。

　　王红旗：《"别 V 了"的意义是什么——兼论句子格式意义的概括》，《汉语学习》1996 年第 4 期。

　　王红旗：《"别 V 了"中动词的特征》，《汉语学习》1997 年第 5 期。

　　王红旗：《动词的特征与"别 V 了"的歧义指数》，《语文研究》1999 年第 3 期。

　　王进：《"元曲选"祈使句研究》，博士学位论文，华中科技大学，2008。

　　王力：《汉语史稿》，科学出版社 1958 年版。

　　王力：《中国现代语法》，商务印书馆 1985 年版。

　　王敏：《日语命令文与中文祈使句的比较》，硕士学位论文，上海外国语学院，1991。

　　王希杰：《汉语修辞学》，北京大学出版社 1983 年版。

　　王智强：《敦煌变文祈使句研究》，硕士学位论文，苏州大学，2010。

　　项开喜：《"制止"与"防止"："别+VP"格式的句式语义》，《语言教学与研究》2006 年第 2 期。

　　肖亮荣：《从间接言语行为理论看 Searle 的语言哲学观》，《山东外语教学》2000 年第 3 期。

　　肖强花：《差势角色祈使句研究——以"乔家大院"为例》，硕士学位论文，暨南大学，2011。

肖应平:《从祈使句看句类功能与言语行为的对应关系》,《淮阴师范学院学报》2009 年第 4 期。

肖应平:《论祈使句的焦点和话题》,《淮阴师范学院学报》2007 年第 3 期。

肖应平:《论现代祈使句的时间范畴》,《盐城师范学院学报》2009 年第 4 期。

肖应平:《谈祈使句的称呼语和辅助语》,《淮阴师范学院学报》2005 年第 6 期。

徐烈炯、刘丹青:《话题的结构与功能》,上海教育出版社 1998 年版。

杨洁:《"五灯会元"祈使句研究》,硕士学位论文,河南师范大学,2012。

尹明花:《英朝祈使句对比》,硕士学位论文,延边大学,2006。

于国栋:《显性施为句的顺应性解释》,《外语学刊》2001 年第 1 期。

于涛:《"祖堂集"祈使句研究》,博士学位论文,上海师范大学,2005。

袁毓林:《祈使句式和动词的类》,《中国语文》1991 年第 1 期。

袁毓林:《现代汉语祈使句研究》,北京大学出版社 1993 年版。

袁毓林:《现代汉语祈使句研究》,博士学位论文,北京大学,1993。

张伯江、方梅:《汉语功能语法研究》,江西教育出版社 2001 年版。

张伯江:《"别 X"和"别不 X"》,《中国语文通讯》1985 年第 3 期。

张嵩:《日汉祈使句对比》,硕士学位论文,吉林大学,2010。

张旺熹:《汉语特殊句法的语义研究》,北京语言文化大学出版社 1999 年版。

张谊生:《"把+N+Vv"祈使句的成句因素》,《汉语学习》1997 年第 1 期。

张豫峰:《现代汉语句子研究》,学林出版社 2006 年版。

张则顺:《现代汉语祈使句主语隐现研究》,《汉语学习》2011 年第 1 期。

赵微:《两类祈使句的体特征及其对否定的影响》,《南京师大学报》

2005 年第 3 期。

赵微：《指令行为与汉语祈使句研究》，博士学位论文，复旦大学，2005。

赵元任：《汉语口语语法》，商务印书馆 1979 年版。

赵子慧：《日语祈使句研究》，硕士学位论文，黑龙江大学，2009。

周晓燕：《唐五代至宋代的祈使句研究》，硕士学位论文，华中科技大学，2007。

朱德熙：《现代汉语语法研究》，商务印书馆 1980 年版。

朱德熙：《语法丛稿》，商务印书馆 1990 年版。

朱德熙：《语法答问》，商务印书馆 1985 年版。

朱德熙：《语法讲义》，商务印书馆 1982 年版。

朱敏：《祈使句"你/你们"主语的选择制约因素》，《汉语学习》2005 年第 3 期。

朱培培：《两汉至隋祈使句研究》，硕士学位论文，华中科技大学，2007。

附　　录

韩汉祈使句谓语构成一览表

附录一　韩国语肯定祈使句谓语构成一览表

1. –아라

잡아보다	잡다	보다	준비하다	지원하다	찾다
빛나다	쏘다	삶을 살다	잘하다	살다	해보다
가보다	전화하다	말하다	자다	하다	대답하다
받아보다	딱하다	떠나다	오다	다녀오다	앉다
춤을 추다	놓다	내놓다	받다	전하다	힘내다
얘기하다	팔다	닦다	기록을 하다	다스리다	갈다
이기다	죽여버리다	도둑을 하다	뚫어보다	나오다	가다
하다	속다	돌아가다	먹어 보다	읽어 보다	닫다
만나다	참다	조용히 하다	깨끗이 하다	준비하다	닦다
깔다	쏘다	포기하다	몰입하다	말해보다	팔다
공부하다	보다	몰아보다	열어두다	주저앉다	살다
키워보다	잡다	말해보다	돈을 보이다	정복하다	갚다
나오다	살다	찾아보다	전하다	내려오너라	따라오너라
가져오너라	대답하다	얘기하다	준비하다	막다	때려잡다
말해보다	들어보다	해보다	여비로 삼다	돌아가보다	먹어보다
들어가다	씻다	단장하다	전하다	가보다	내 놓아라
하다	유의하다	내놔보다	잠이나 자다	들어보다	죽이다
닥쳐보다	물 떠오다	구두를 닦다	가방을 들다	빨아오다	둘러보다
감을 놓다	다녀오다	들어오다	있어 보다	물어보다	눈을 감다

가다	대추를 놓다	키스를 하다	움직여 보다	벗어보다	모셔보다
굽다	내놓다	명심하다	내밀어보다	해보다	받아오다
가져오다	불러보다	재오다	썰어오다	봐주다	취하다
외워보다	깎다	각오하다	놀다	만져보다	넣어보다
말하다	써보다	입어보다	살다	죽어보다	심부름하다
잡다	올라오다	들어가보다	내려오다	돌아가다	내려오다
설득해보다	전화해보다	들어오다	알다	장가나 가다	줘보다
내쫓다	내려놓다	놀러오다	뒤로 돌다	켜보다	물러가다
기억하다	떠나다	기억하다	오다	서 보다	맛보다
계속하다	정리하다	임명하다	터보다	외워보다	놓다
감다	달다	띄우다	일어나보다	만나다	살펴보다
사오다	올라오다	여쭤보다	따오다	파보다	되어보다
말하다	써붙이다	깎다	쏘다	전해보다	부딪혀보다
매맛을 보다	데리다	들어보다	호소를 하다	뚫다	날리다
들어보다	공부하다	드리다	되다	터지다	울리다
때려부시다	이렇다	저렇다	사먹다	뚫어지다	서다
책임을 지다	배를 띄우다	쓰다	높이다	챙기다	쉬다
지키다	서두르다	달리다	배우다	비키다	이기다
버리다	뿌리다	옮기다	가르치다	두드리다	벗다
가지다	힘쓰다	걸다	주다	내리다	밝히다
쓰다	차리다	앉아 있다	잊어주다	춤을 추다	바꾸다
울다	두다	말씀드리다	죽이다	주다	살려내다
멈추다	가지다	그리다	그만두다	내다	때려 부수다
비우다	챙기다	더하다	빼다	다스리다	버리다
먹다	걸어 다니다	이기다	얻다	듣다	치다
감기다	찢다	맞추다	숨다	보내다	죽이다
벌리다	해주다	밀어버리다	던져버리다	앞장서다	고치다
띄어 쓰다	입다	밀다	켜다	열다	걸다
없애다	당기다	움지기다	즐기다	짐을 꾸리다	읽다
걸다	깨우다	남기다	되다	부르다	사귀다
넣다	두드리다	봐두다	마시다	일으키다	부추키다
익히다	내보이다	내버려두다	찌르다	믿다	견디다

续表

던지다	꿈을 꾸다	부르다	펼치다	키우다	벗어 던지다
모이다	묻다	펴다	즐기다	만들다	시키다
진행시키다	기다리다	신다	힘 쓰다	잠기다	베다
두드리다	서 있다	읽다	죽이다	키우다	벌다
돌리다	채우다	힘 쓰다	멈추다	살아 있다	찍다
가꾸다	입다	들어 두다	접근하다	치다	챙겨먹다
드리다	아껴쓰다	녹이다	부치다	짓다	전화드리다
베풀다	채우다	넣다	높이다	울다	비웃다
떨다	내리다	두다	있다	붓다	사 먹다
이끌다	세우다	다루다	기울리다	살리다	웃다
울다	세우다	보내다	마시다	씹다	얻다
배우다	여쭙다	앞장서다	내 주다	모시다	집어치다
끌어내다	불을 켜다	인사 드리다	증거를 대다	복직시키다	부탁드리다
살려내다	부리다	젓다	물리치다	죽여버리다	잊어버리다
구겨버리다	뱉다	졸라버리다	넘기다	꺼지다	기르다
올리다	묵다	심다	지르다	지어 드리다	잊다
묻다	내리다	던져버리다	돌리다	굽다	알아두다
훔치다	벗기다	쓰다	끼었다	보살펴주다	갈아입다
뛰다	부어넣다	붓다	끼다	비켜주다	걷다
때려주다	비키다	처넣다	세수시키다	짚다	가지다
다물다	비우다	알아두다	받아들다	보내다	펼치다
기르다	달리다	내려가두다	끌어내다	구워내다	엮다
줄이다	받치다	쳐주다	치우다	차버리다	아뢰다
넘다	해두다	떨구다	배우다	줄여주다	누르다
넣어두다	내버려두다	감추다	파묻다	부수다	가르쳐주다
내다	꿔주다	외치다	읊다	들다	서 있다
침착하다	조심하다				

2. -으세요

내다	해주다	사랑하다	말아주다	사인해주다	물어보다
확인해보다	그만 두다	불러주다	맡기다	사다	나누다
봐주다	해주다	바래주다	낳아주다	이해해주다	재창조하다

续表

누이다	힘내다	상상해보다	보다	덧붙이다	풀어두다
골라주다	미워하다	주다	돌보다	숨겨 주다	보내주다
달래보다	들어가다	시켜주다	사 가다	마시다	열어주다
누르다	가르쳐주다	연락해주다	걸어가보다	말씀해보다	넣어주다
생각해보다	들어보다	먹여보다	보고하다	기억하다	체험하다
하다	선발하다	다니다	오다	보고하다	말해보다
줘보다	내리다	가지다	물들여주다	설명해보다	나가보다
여겨주다	가져주다	들어오다	얘기해보다	기다리다	잘해주다
오래 사다	벗어나다	차버리다	기도하다	찾아가다	내리다
안아주다	나가다	선물하다	전해 보다	기억하다	찾아보다
사주다	와 보다	드시다	바꾸어주다	차를 타다	해 주다
좀 해주다	기다려보다	다듬어주다	되다	알려주다	오래 살다
부르다	적어보다	타다	보다	주다	용서해주다
사가다	잡수시다	살다	기억하다	맞아보다	건강하다
들려주다	찾아보다	거두다	타다	나오다	걸어 보다
배워 보다	되어 보다	사다	던져 보다	이야기하다	참아 주다
연락해주다	사주다	키우다	들여다보다	놓아두다	만나 주다
걷어주다	놀러오다	해주다	노력해 보다	사다 주다	혼내 주다
내보내다	사다	해보다	지켜봐주다	기원해주다	축하해주다
실천해보다	기다려주다	가지다	들다	부쳐보다	펴다
시작하다	보다	알다	찾아오다	오다	알아봐주다
잘하다	있다	옮겨보다	밝혀주다	낮춰주다	애써주다
진정하다	일어나다	가리다	보여주다	타다	가다
그냥가다	끊어주다	대답해보다	나오다	나오다	끝내다
주다	해주다	가지다	내려오다	가다	열어두다
말하다	다가가보다	올려보다	쏘아보다	쳐보다	내뱉어보다
들다	전해주다	이해하다	앉아보다	떠보다	주다
마셔보다	바뀌주다	돌려주다	가르쳐주다	붙잡아두다	놀러오다
만나다	연장하다	돌아가다	보다	살다	기라려보다
나와 보다	불러주다	말씀해주다	물어보다	보여보다	보다
나오다	가다	보다	말씀해 주다	담아 주다	가보다
들다	들어 보다	내려주다	깨우다	팔다	치워주다

续表

읽어주다	그만 두다	돌려주다	자르다	얘기해보다	써주다
납득시켜보다	행동하다	만나보다	마시다	눌러봐주다	깨다
뽑아주다	넘어 가다	갈아주다	지켜봐주다	바꿔주다	남겨주다
남겨주다	내버려주다	바라보다	만들어두다	깔아두다	전화주다
생각해주다	읽어보다	들어보다	말아주다	내버려두다	이해해주다
성공하다	풀다	읽어주다			

3. -렴 (려무나)

걸어보다	오다	들려주다	그렇다	해보다	물어보다
사오다	울어버리다	자다	피워보다	입어보다	자라주다
기억해주다	행복하다	용서하다	가지다	노력해보다	해보다
읽어 보다	말해 주다	자라다	찾아보다	구경하다	읽어보다
보다	들려주다	가다	맞춰주다	골라보다	오다
되다	닫아 두다	벗겨보다	타 보다	만나 보다	먹어 보다
가다	오다	돌아오다	있다	되다	산책하다
하다	결정해 주다	알아서 하다	그만 두다	물어 보다	들어 보다
열어보다	배워보다	올라가다	들어가 보다	웃어보다	일어나다
들어보다	꿈꾸어보다	듣다	보다	기다려보다	간직하다
가라앉히다	살다	가다	하다	이루다	되다
되어보다	해두다	지우다	자다	부수다	주다

4. -게나

살다	설명해보다	보태쓰다	이용하다	듣다	보다
쉬다	먹이다	있다	하다	올라오다	먹다
누워있다	가르쳐보다	들어보다	전하다	생각해보다	가보다
박아주다	해보다	보다	기울여보다	내다보다	깨워보다
놓다	구경시키다	보다	세우다	명심하다	알아주다
하다	처신하다	따주다	가져오다	대보다	따라오다
되어보다	오다	해주다	비워주다	차려내다	믿다

附录二　韩国语否定祈使句谓语构成一览表

1. -지 마라

비교하다	웃다	찾다	애기하다	까불다	잊다
부리다	짓다	흥분하다	울다	하다	잘하다
지내다	있다	놀리다	걱정하다	따다	믿다
내다	켜다	자랑하다	가다	말하다	앉다
서두르다	정하다	기다리다	슬퍼하다	범하다	밀다
던저넣다	포기하다	거짓말하다	흔들다	하다	애기하다
끼다	두려워하다	약속하다	나서다	마시다	만들다
미루다	품다	거절하다	소리내다	체하다	놀라다
상심하다	잊다	건들다	보다	관련짓다	비웃다
만들다	잊어버리다	내다	보내다	그렇다	잃다
놓다	노여워하다	읽다	생각하다	쓰다	돌려주다
묻다	나오다	떠나다	토하다	팔다	앉다
흥분하다	타다	기대하다	탓하다	욕하다	공박하다
건드리다	굴다	떼다	두려워하다	출입하다	울리다
꿔주다	업어주다	일으켜주다	다니다	주다	연애하다

2. -지 마세요

말하다	오해하다	거르다	기절하다	걱정하다	가다
되다	탓하다	야단치다	찡그리다	표기하다	빼앗다
-게 하다	찾다	죽다	누르다	상심하다	노여워하다
오해하다	가다	하다	싸우다	오해하다	도망가다
염려하다	애기하다	쓰다	신경쓰다	시키다	서러워하다
단념하다	싸우다				

附录三　汉语肯定祈使句谓语构成一览表

1. "快"句下的谓语

快说	快抓住绳子	快救人	快停车	快照几张像	快找客人谈
快铺上	快跑出去	快交钱	快抽	快拉木筏	快起来
快开灯	快来人	快给我	快撤	快住嘴吧	快接
快把钱收起来	快抓住点东西	快抓住他	快来救羊	快去领奖	快放到顶上去
快告诉	快去抢新闻	快游	快去找	快去叫	快把这些烧了
快别说这个	快拉起来	快去预备	快开消火栓	快救我	快把表给我
快追上去	快拉	快记牢	快开枪	快来	快起来吧
快下车吧	快下指示	快下去	快抄	快点儿	快放下
快把他拉走	快叫他见鬼去	快去告诉老板	快去捉	快坐下	快向远处游
快告诉我	快上车吧	快点讲	快准备飞机	快去寻找	快走
快出来	快来看电视剧	快睁开眼睛	快来人	快给	快接邮电局
快过来	快走	快些	快用鞭抽我	快往后退	快把肉抢下来
快开门	快把人截住	快开车	快游过来	快点起来	快告诉我
快放他们出来	快上来	快写信	快放我出去吧	快回去	快回来
快把手伸给我	快放手	快站好	快看这里呀	快开门啊	快救救我们
快跑	快帮忙拦住她	快捉住它	快来救我	快把她拉出去	快看呀
快跟舅妈解释	快进去看看吧	快把枪丢出去	快去抓吕锡铅	快里面坐吧	快给我出去
快对我发誓	快冲上去啊	快出来吧	快停车	快进屋里坐吧	快想主意呀
快冲过来	快尿	快上炕坐	快给我穿上	快把手给我们	快向妈求个情
快告诉我们	快躺下睡吧	快滚	快救救命吧	快服从命令	快看看
快穿他的眼睛	快进屋歇会吧	快送小哥哥走	快念报	快救救我	快坐
快滚蛋	快开门	快出来	快扫	快投降	快解开怀
快放开我	快想想法子	快到这边来	快瞧	快骑上雪驹	快去求告王爷
快告诉	快去救人	送吧	快快赶来	快把他收拾了	快跟我走
快来喝	快指	快上楼	快来人	快散开	快向外冲
快吃点儿吧	快逃命吧	快进屋来	快来救火呀	快坐过去	快点准备好
快到队部来集合	快来这儿逮人呀	快来搭救我们呀	快点跑出村去吧	快收拾了这条丧家狗	快起来吃粥

快把金银珠宝交出来	快拿水来给你大姐喝	快把工作记录本拿走	快给我们把事情办了吧	快把她的卡片拿来	快把纱布给我
快叫你妈先别洗碗了	快把那家伙赶出去	快点告诉他们	快把你的花送上塔顶	快把俺藏在床底下	快把这野孩子撵走
快把灭火器倒过来	快射那个骑白马的	快把老子的玛瑙杯子取来	快把刀剑插入鞘中	快将这老狗推出斩首	快把庙门打开
快把它扔到窗外去	快把维持会长选了吧	快来看看这幅漫画	快找医生来看吧	快给我跳下猪圈起粪去	快放我进来
快收拾一下走吧	快把带子解下来	快跑去找你振德叔	快叫她给看看吧	快跟我们向外冲	快用点劲就成了
快来救火吧	快出去吧	快救火	快出来	快来看	快投降
快拿刀砍	快深挖哇	快投入战斗	快滚开	快休息吧	快下手
快逃命吧	快逃命呀	快上吊	快放吊桥	快喝	快告诉我
跑	快牵马	快进城	快屋里去吧	快把他放下来	快给我衣裳
快给叔叔问好	快把我撑	快放他走	快出通天洞	快冲上山顶	快来吃花生
快来买吧	快去	快上去看看	快给信号	快突	快休息
快滚你的	快跟我走	快请坐	快退下	快拿	快睡去
快准备准备吧	快拿那绑腿来	快走你的吧	快到群众中去	快拿酒饭来	快喝酒吧
快吃饭	快往下溜	快拦住他	快捉住	快追吧	快上车吧
快到广大的群众里面去吧	快去拿信封信纸来	快给他们送进去	快写上我上的名字	快满北京寻找他去呀	快回三家巷看看大家啦
快快架着	快进来	快来救命呀	快切断总电源	快家去吃饭吧	快坐上歇歇吧
快救救它们哪	快进李鲤洞	快跟我走	快打枪	快到炕头里坐	快爬到山坡上
快去报曹掌柜和大太太!	快去把秀儿叫来	快把那封信给我	快把土匪给我带上来	快派人到山头上去看	快去帮助指导员
快趁天黑前回去吧	快把我送到海边	快把我们放出来	快用机枪封锁白公馆	快把你的麻绳收拾起来	快把牲口赶到山背里
快跟你的小伙计们跑吧	快给咱想办法吧	快把你妻子、女儿都杀了	快把那些东西藏了	快来拜见祖师爷	快换新郎新娘的衣服
快耩	快讲	快看	快进去吧	快起来呀	快到炕上睡
快睡吧	快上去	快上	快去上岗	快摸	快躲开
快给我照片	快到后山上去	快回来	快回去吧	快来人哪	快上去睡
快冲出去	快都起来	快叫	快喝吧	快吃点心吧	快进来歇
快回去	快去快回	快把药拿来	快跑	快来	快进去
快躲躲吧	快出来吧	快撤下去	快劈门	快发球吧	快上
快坐下来	快到训导处来	快起来	快出来领饭	快帮忙	快去打牌
快点回去	快来收钱	快给我杀	快过	快干活去吧	快回去吃饭

快躲	快上炕来	快着	快去救	快下去	快来接东西
快起来走	快抢山头	快到外边去	快回去一下吧	快杀吧	快追
快堵住洞口	快去喝水	快点再去	快去洗澡	快洗脸	快告诉我
快回去	快交钱	快回去吧	快把它蒸了	快吃饭吧	快来换衣服
快进宫去救火	快来看	快投降	快穿衣裳	快缴枪吧	快去找来
快找个像样的	快瞧	快救一救吧	快滚开	快抱住她	快点来呀
快滚远点	快到后山去	快起来看	快弄死	快签条约吧	快去捡吧
快去救你的情人吧	快把她的嘴撬开	快点把缆梯系结实	快叫中国变成英殖民地吧	快开了枪去请功	快点儿回座位
快让我们知道	快下来帮帮忙	快快禁锢	快去禀告东家	快再刺	快去拜堂吧
快告诉我	快讲吧	快些起来	快给俺拿钱	快上来	快去弄点钱来
快出来看一看吧	快给他拿咖啡来	快去赢得骑士的光荣吧	快进自己的住处去	快点过来参加节日	快来抱住我的颈子吧
快动手呀	快点戴上	快点让路	快拿铲子去	快一点	快去拿饭来
快来看	快往高处飞	快告诉我们	快飞	快站起来	快朝下看
快领他进来	快来帮我	快来人哪	快住手	快他妈开车	快逃呀
快离开这里	快去找他	快醒	快救机器	快来救我们呀	快点走吧
快点说案子的事	快把信拿来给我看	快点儿宽衣吧	快道上你的真姓名	快做你的功课吧	快消除我的疑虑
快点醒来吧	快瞧	快来瞧	快看看四周	快将盘子搁起	快找医生
快过来	快点走	快逃跑	快念念看	快领我去	快去干你的事
快快化做一声叹息出来吧	快带着他的辫子到普鲁士	快点登上斯巴达尼恩	快点给我讲你的情况吧	快点往楼梯上爬	快让路给佛罗多
快把他给我	快打招呼	快救出伤患	快把她拉下来	快出来呀！	快堵住她的嘴
快回到我身边	快进来	快点转回头	快点出发	快点跟上来	快点去那儿
快给我去搬东西	快拿她的嗅盐来	快过来给你贴上	快叫医生来	快先给人家把东西送回去	快来干咱们的吧
快让门出现	快进屋里去吧	快拿酒来	快替她收拾好	快出航	快把火灭了
快灭了它	快灭火	快过来	快醒来	快回来	快进来
快站开	快回来	快放下	快干	快答应吧	快来看
快醒醒	快些	快骑上来	快回去	快撤退啊	快想起来啊
快带了伯伯先逃	快给我倒碗水吧	快点走就对了	快回到大家身边	快到宫里取我的雨伞来	快帮我分辨一下
快关上门	快向西走	快睡觉去吧	快睡去吧	快去快走	快滚
快去找找	快醒过来	快回去吧	快点对我说	快倒水去	快住手

续表

快离开门边	快进去	快给我离开	快回头	快起来看	快吃
快吃饭去吧	快焐一焐	快上床去	快去堵住门	快进来	快醒醒
快去烧开水	快拿来	快来看看	快回去	快给我说	快给我看
快来暖和暖和	快去打酒	快替我滚开			

2. "赶快"句下的谓语

赶快游	赶快撤出	赶快回来吧	赶快走	赶快穿上	赶快送医院
赶快分赃	赶快到东山	赶快闪开	赶快发下去	赶快开门	赶快回家去
赶快过来	赶快起床	赶快执行任务	赶快走吧	赶快醒过来	赶快结婚
赶快跑	赶快给我滚回去	赶快去包	赶快睡一觉	赶快借给我	赶快去喊人
赶快上去缴枪	赶快攻上去	赶快收拾东西	赶快动手	赶快决定	赶快趁热吃
赶快去	赶快下来	赶快烧	赶快回家	赶快洗	赶快睡
赶快退后	赶快趁机离开	赶快回答我	赶快逃跑	赶快洗个澡	赶快多吃些吧
赶快去弄点钱来	赶快下去	赶快穿好衣服	赶快好起来	赶快停嘴	赶快回转身去吧
赶快吧	赶快奏乐	赶快下马	赶快追杀	赶快攻破	赶快撤出
赶快退兵	赶快给我念	赶快离开村子	赶快出村躲避	赶快派人去报告	赶快进来
赶快去再找几名来	赶快给我镇定下来	赶快叫他们收拾	赶快到那儿去	赶快告诉我	赶快进去
赶快把我的……拿来	赶快去医院	赶快带来你的光	赶快回到神殿去	赶快叫人进炮楼吧	赶快收拾收拾就走
赶快给我做点东西吃	赶快请公安局派警察去镇压	赶快去过河	赶快跟我们向外冲	赶快让我投进……里去	赶快成四散阵形逃开

3. "必须"句下的谓语

必须设法	必须依法严惩	必须交代	必须利用	必须马上纠正	必须给予
必须指出	必须重视	必须请您原谅	必须从零开始	必须请示	必须教训
必须如此	必须出国	必须这样	必须做到	必须谈	必须矫正
必须以身作则	必须全部接受	必须知道	必须急起直追	必须限期侦破	必须作到
必须承认	必须回忆起来	必须坚决还击	必须要有	必须进行法治	必须指出
必须得毙	必须迅速出击	必须抓紧	必须更有劲地工作	必须把成果转化为产品	必须在九点钟到办公室

4. "应该"句下的谓语

应该……才对	应该说……	应该取消	应该！	应该报告	应该问医生
应该让我去死	应该事先告诉她	应该有计划地看	应该让司机轮流	应该把……作为	应该这样努力
应该撤销	应该要婉转一点	应该撤销	应该倒过来	应该上户口	应该下去休整
应该亲自听一听	应该一起调查	应该快到桥西去	应该去看看	应该射死	应该转向
应该在广州成立	应该谦虚	应该极力抵抗	应该要先表明心迹	应该走乡随乡才是	应该听老丁的意见
应该为"狗业热"退退烧了	应该只用在团体的需要上	应该把他们接进中南海休息	应该再找……商量商量	应该把私营工厂干脆没收	应该给他出席的机会
应该把手叉在腰旁	应该让大人到帘内未坐才是				

5. "要"句下的谓语

要有预备	要有办法	要有牺牲	要训练成	要按通知	要有信心
要靠	要搞	要拼	要搏	要学	要用
要更新	要消灭	要憎恨	要报仇	要战斗	要保卫
要提倡	要知道	要考虑	要观照	要做到	要修心
要引进和培养	要从没有到有	要抓住时机	要放下才行	要做条牛	要解放
要他自己坐着	要斩草除根	要对人民负责	要看得远一点	要准备动作	要全部、干脆
要保持	要提高	要干脆	要喝干	要快	要走正道
要紧闭大门	要详细报告	要他戴罪立功	要讲究战术	要快活起来	要理解
要挺住劲	要坚持	要懂得	要等会儿	要加快速度	要看准
要记住	要灵活	要多做	要全团	要督住	要告诉
要忍耐些	要公允地评判	要大反攻	要输就快点	要用	要搞清楚
要快	要计划	要注意	要准	要猛	要记住
要小心点	要想开点	要多看	要多多考虑	要沉着地打	要打得准
要好好休息	要把心胸放宽	要敢于运用	要用心	要咬紧牙	要抢先发射
要锻炼一下	要讨回何秀妹	要有准备	要化好装	要坚决	要保重
要赶快独立	要让他们彼此	要趁热打铁	要仔细地看！	要论辈分的呀	要从大处着眼
要小心照顾	要开除王金贞	要好好准备	要刺激	要耐着性子再	要吃就得干
要成群地站着	要屠夜壶滚蛋	要赶回厂去	要拼就拼	要干就干！	要适可而止
要广泛宣传	要干脆	要真实	要注意	要选择好时机	要坚持

要起来	要挺住	要有……	要小心	要让	要粉碎
要抓紧时间	要光明正大	要团结	要尽快公布	要想办法	要摧毁
要冷静	要相信	要留点	要敢于运用	要特别护理	要下午放牧
要在左岸放牧	要努力寻找	要沉着	要报仇	要说真话	要想办法
要自信而不自傲	要自豪而不自骄	要为……尽力捉活的	要"同志"一点	要削一层皮	要跟我出
要做个全盘的计划	要杀出我们红军的威风来	要把遗传学研究搞……	可要一定做到	要把……全部消灭干净	要把……打到永远不能翻身
要有安排	要也要看准时机	要他们停止射击	要把战斗打得更好	要他们到达这里	要赶快回来这边
要叫他一个个都尝	要经由石头上去	要秘密地传达下去。	要想办法保证饿不着他们	要把阶级剥削的根子挖净	要把阶级压迫的种籽灭绝
要把这当成实际的主解	要挺着胸脯装男孩子	要自由!要工作!	要解放个彻底才行	要把主力兵团开上去	要把他们完全消灭
要靠自己去发掘	要挖匪徒们的底	要文斗不要武斗	要严厉镇压反动派	要通过战争换取	一定要把他叫回来
要继续加强管理	要当一个大老板	要为……作出贡献	要为职工办几件实事	要沿着锁链爬下去	要跟小平同志搞好
要好好地跟他们谈谈	要叫文工团好好地演演	要始终坚持要跟我出击			

6. "先"句下的谓语

先放到这儿	先去吃午饭去	先给……打个电话问问	先送	先说开头	先称我的
先到机场去	先喝杯茶	先收拾	先灭火	先等着	先喝水
先烤火	先讲秘密	先消灭	先交	先说	先等一下
先坐下	先启动	先救活的	先关禁闭	先鞠躬	先吃饭
先教我们	先说邓瑞	先到我家去	先要点吃食	先给我	先歇一会
先拿过钱来	先告诉我吧	先上点白药吧	先干了杯	先教训她	先静一静
先去	先冲进去再说	先把书念好了	先要审他	先射再说	先吃饭吧
先冲	先坐下来	先进来	先记上账	先出来透透气	先拢着火
先到坦狄尔村	先搜集情报	先知道一些……	先在火堆上烤	先留他一口气	先打他的马
先来十捆手雷	先给我搜搜他	先送我弟弟	先逮她	先绑了凶手	先好好地睡会
先买两样东西再讲	先把情况弄清再说	先把眼睛开再打	先喝一碗再吃饭	先骗过几块钱来再说	先把她的奖金扣没了
先把……弄上床	先把……弄清楚	先看她拿的是什么	先把他给我毁了	先把……扫地出门	先作半个月打算吧

先给孩子们作点什么吃吧	先给他们送去吧	先到村公所院里休息	先关他24小时禁闭	先在这儿好好的作事	先把……带在这儿住下吧
先得恢复我们的自由	先先把部队拖上去	先把准备工作做了	先把别处都练瘦了	先想想你自己吧	先叫苗先生垫着

7."得"句下的谓语

得赶快离开	得帮帮我	得出去	得练练	得商量商量	得有凭据
得看	得把我们背回	可得记住了	得懂得	得提个意见	得想主意
得多念	可得小心	得打	得家去	得喝两杯	得好好地请他
得请我们吃杯喜酒再走	得想个别的办法	得忍气就忍气	得上儿童商店	得办事	得得让他们看清楚

8."请"句下的谓语

请带好	请转告	请允许我	请坐	请买	请停一下
请往里面坐	请随便坐	请恕罪	请听听	请代为签字	请吃
请重读一遍	请对他们说	请坐下	请相信	请吧	请进
请接受	请稍等一下	请听我说	请你停一停	请支持	请帮助
请原谅	请记住	请放心	请保佑	请多多指教	请回答
请您放心	请你相信	请回忆	请出去	请光临寒舍	请告诉孙悦
请你进来	请你帮帮忙	请你先吸	请进	请多关照	请监督我们
请拿出水杯来	请给……带个好	请想想	请诸君观察	请看看	请看
请允许	请出手	请你帮助我	请想想看	请倾听	请问
请你相信我	请你为了我	请你救救我	请放我走	请现在就出去	请仔细查验
请共同分享	请你滚远点儿	请怜悯我	请让我拥抱你	请让我死	请宽宏大量
请进去	请给我找到	请您听好了	请你原谅我	请息怒	请你为我努力
请你下令	请你三思	请快来吃酒	请原谅	请您退开三步	请把船摆过来
请你下来	请你听我说	请你对他说	请你回答问题	请你立刻离开	请你放心
请你老出来	请你帮我点忙	请你保佑我	请你说就是了	请慢走一步	请你告诉他们
请多多光顾	请你赶快回来	请你中止	请你遵从	请王先生讲话	请带我走
请你记着	请站住	请容我忏悔	请乔东家自便	请你恕我打搅	请你快点
请先就座	务必宽恕	杨提督前来	请你赶快离开	请慈悲指教我	请赶快教示
请听明白了	请注意	请大家多吃	请向……问好	请你们快走	请看这个

续表

请你饶恕吧	请都来听听吧	请你回去吧	请给我吧	请原谅我吧	请发发慈悲吧
请带我走吧	请进去议事吧	请收下吧	请里面坐吧	请到我腰上吧	请走开吧
请过餐厅去吧	请你放心吧	请进来坐吧	请你说吧	请回吧	请出来吧
请把他带走吧	请你说吧	请进来吧	请接着说吧	请听下去吧	请开开门吧
请援救我吧	请您下决心吧	请赶快逃吧	请饶恕我吧	请待在这儿吧	请跟我到……去一趟吧！
请派两个马兵吧	请在铺子里等我吧	请你回去休息吧	请您告诉我吧	请救救天真的孩子吧	请你们求救我吧
请你的主处决我们吧！	请你停止自吹自擂吧	请你们原谅我吧	请你成全我们吧	请您把猴子们灭绝吧	请为她考虑考虑
请你鉴察……吧	请保佑我军吧	请把诗再写下去吧	请放一点东西进去吧	请让我作你的'女助手'吧	请千万收留我吧！
请裹住你的大衣吧	请你替我求求徐总经理吧	请赐予我们……力量吧！	请赦免我们的罪吧！	请守护我们吧！	请先进来再说吧
请您看看实际状况吧！	请将你想说的向我倾诉吧	请多写些……文章吧	请你执行命令吧	请把火点起来吧	请多多指点
请你和作者商量一下	请代我向……问好	请把北平的监狱预备好	请给我们划个红点	请拯救这些孩子们	请看一封他写给……的信
请他们再跟我们多搞几个	请你把绳子系好	请恕我小孩家年幼无知	请在八点钟时候再来	请吃一点	请你雇用他
请赏光	请多关照	请吩咐	请你老实告诉我	请你把衣服递过来	请靠左走
请带我去见你们的负责人	请去向政府官员说	请公公可怜小民	请你对奚流同志说	请你先委屈一时	请先到西边坑沿等我
请您让我稍稍安静一会儿	请您把我的四十个苏还我	请负责筹备公审	请到休息室里坐坐	请预留她要的股份	请回办公室接听
请把我们叫作	请使我们在……地方登陆	请将我的心交给他	请先给他点东西吃	请务必得劝劝他	请跟他们讲一讲
请你们向西移10度	请重新输入密码	请你为我们设置	请你为我们圆圆这个梦	请你为我们求饶	请代我向斯乔普卡致意
请向六条院大人善为辩解	请到走廊上看一下	请把名字说出来	请恕我万难从命	请老爷子出来主持婚礼	请赶快去救夫人出来
请和从前一样爱我	请就住在我们家里	请用只眼睛看护她	请让我也看一看	请替我向普拉特道个歉	请你为我们祈祷
请考虑你的身份	请把……放在茶几上	请您让她的内心获得宁静	请您留在这儿	请把您的手伸给我	请您坦率地回答
你在身旁守护着他	请专注于自己的岗位上	请您给解释一下	请立刻到指挥官席	请允许我再加一点	请代向……致意
请允许我们再战	请立刻撤离舰队	请你再考虑看看	请她决不要再说她爱他	请你先等一分钟	请你坐在屋角那边
请容我大胆说一句	请听我把话说完	请到我们山洞里	请你给我听着孩子	请帮我研究一下	请你注意学习

续表

请你听我的陈述	请你明察我的心	请接受我的顶礼	请你带他到厂里账房间！	请你设法放我走	请把我弟弟送到医院去
请给我留点体面	请你不要误会	请再勿开尊口	请搜我身上	请陪审员先生	请教导我
请注意	请你醒醒	请你鉴察	请赶快走	请千万要小心	请指示
请仔细想想	请您回想一下	请过来	请您想想看	请休息一下	请原谅
请让我进来	请你陪客	请你们快走	请你注意	请安静一下	请立即击沉它
请你回过身去	请坐下	请你帮助我	请允许	请相信	请快走开
请跟我在一起	请你明白	请避免	请您保护我们	请接待	请全体起立
请等一下	请保佑	请你出去	请让她出去	请让她退庭	请你常来
请相信我	请遵守秩序	请把手伸过来	请你看看	请替我向你的……	请买一个盘子
请告诉我	请你安慰她				

9. "一定" 句下的谓语

一定去报告	一定救	一定要撤	一定会过去！	一定得逃跑	一定得毙
一定要请你原谅	一定要拿到它	一定要出国	一定要说服	一定要说	一定要吃完鱼
一定要带走它	一定得	一定要查	一定得让我去	一定要再来	一定要等
一定要审查	一定要告诫	一定要救活她	一定要消毒的	一定要带来	一定要除掉
一定要反对	一定淹死她	一定查问明白	一定要抓紧时间	一定要打开银车	一定要想办法
一定和我上同一所学校哦	一定要把这句话改掉	一定要把日本朋友救回来	一定要马上把……消灭掉	一定要弄个水落石出	一定要在……发展党的组织
一定要把武器缴出	一定得权衡一下利弊	一定要请日本朋友们	一定得跟着他	一定得立刻弄个清楚	一定得看看这个
一定要把他叫回来	一定挡住它，一定要	一定要把他抢到手	一定要把他们抓到	一定要减轻她的苦难	一定招呼老赵拒绝
一定要为他们做主					

10. "希望" 句下的谓语

希望再接再厉	希望保证质量	希望国人要争气	希望你保重	希望能发扬优点	希望你安心休养
希望要特别关心	希望制定出版法	希望下不为例	希望你珍惜	希望原谅我	希望进一步解放思想

续表

希望重视这种现象	希望做出更大的成绩	希望有更好的未来	希望继续继承和发扬	希望极力为我设法	希望要好好对待吴碧
希望能重视这项工作	希望多点言之有物的	希望以陈云等为榜样	希望有那么一点儿表示	希望大家三复斯言	希望读到更多好诗
希望有机会可以再见	希望都认真检查一下自己	希望两位马到成功			

11."可以"句下的谓语

可以结婚	可以相信	可以见出	可以断言	可以批评	可以想象
可以设想一下	可以说	可以想象	可以去试试	可以上来了	可以大玩大买
可以换成人民币的	可以让他天天给我做	可以成批生产再造金丹	可以聘请一代名医金		

12."马上"句下的谓语

马上走	马上审问	马上超过去	马上上车	马上处理	马上擂他一炮
马上嫁我吧	马上离婚	马上就走	马上过去	马上实行总动员	马上想
马上起来	马上给我滚起来	马上换上	马上变过去	马上走	马上动作
马上纠正	马上到指挥所	马上带来	马上给我上去	马上派人去	马上调人
马上出击	马上拉警报	马上超过去	马上对质	马上出发	马上捉老道
马上起来	马上！	马上把她放下	马上瞄准它的头	马上组织战士	马上上楼去
马上叫他写	马上干	马上去办	马上就去	马上回去写	马上安静下来
马上出发	马上查处	马上走	马上全部没收	马上给我接通	马上备车
马上命令各厂稽	马上去保护她	马上把队伍拉过来	你给我滚，马上就滚	马上就去吧	马上去！
马上给我拉走	马上领队伍和群众转移	马上把那几家地主押起来	马上从那个鬼地方撤回来	马上换上	马上向集中营里加压力
马上和月大姐回去发动斗争					

13."小心、当心、留心"句下的谓语

小心别打破	小心！小心！	小心点	小心别胡说	小心谨慎	小心点儿

小心背后	小心照顾自己	小心绕花眼睛	小心划破他们的脸	小心扎脑袋	小心点说话
小心你将来出不了门	小心棺材盖不上盖	小心，风暴就要起来了	留心小的	留心你的屋子	留心费辅爵士
留心照料她	留心！	当心	当心打碎了	当心些	当心啊
当心伤风着凉呵	当心你的儿子	当心把脸上的粉笑裂了			

14．"最好"句下的谓语

最好抓个俘虏问问	最好把证据都放在桌子上	最好在……之前赶快走	最好是摆着八字脚	最好还是把它们放进水里	最好是到什么地方去
最好忘记我	最好回波士顿	最好能带个什么礼物去	最好去吃点苦头再回来	最好扔掉	最好还是斗争
最好就像……一样办起	最好把那位局长也带过来	最好吵得屋顶都掀掉	最好病得十二分地严重	最好穿件本地人的衣服	最好有干净的纱布

15．"都"句下的谓语

都给我滚开	都给我吧	都给我滚出去	都要记住暗号	都给我站好	都把衣服脱下
都给我走	都给我滚回村	都向后退一退	都赶集	都打死他们	都给我停下
都给我憋着	都站起来	都留下	都给我滚出去	都来吃呀	都请坐
都跪下	都坐下	都得要学习	都出去	都住声	都去哇
都交给我办吧	都给我出去	都端起来	都回去	都给我闭嘴	都起来
都穿上大褂	都说了吧	都看我吧	都给我站好	都回庄去	都请回去吧
都要听从屠先生的调度	都得去洗个澡	要带的东西都带好	都来抓赤肚贼呀	都到院外去集合	都躲到候车室去
都按我的样子办					

16．"多"句下的谓语

多保重身体	多缴枪	多捉俘虏	多弄点	多下几个	多出钱
多想一想	多养养吧	多保重	多珍重	多吃点呀	多讲讲困难
多种点	多卖点	多收点	多想几个	多给点任务吧	多多发财
多搞点"三资"企业	多抱我一会儿吧	多变一些把戏吧	多赚一点钱吧！	多多地吃	多多关照

续表

多看些科教录像带	多施农家肥	多读点关于他的传记	多往你的钱袋里放些钱	多动脑筋，少发脾气！	多吃饭，少开口

17．"好好"句下的谓语

好好掸掸土	好好抱住	好好想办法	好好听我说	好好想想	好好听听吧
好好干	好好养伤	好好照顾自己	好好静下来想想	好好照顾佛林特	好好休息
好好做	好好养大孩子	好好养着吧	好好的！	好好拿着	好好跟我们走
好好地珍惜	好好地娱乐	好好的去	好好的飞呀	好好的回家	好好地念书
好好地睡睡觉	好好地保存着	好好地把国家搞好了	好好出一口恶气	好好地辅佐我们主席	好好地念点书
好好的歇几天	好好拉着爸爸的手	好好地生活下去吧	好好地在这里	好好把……活跃一下	好好地歇几天

18．"不信"句下的谓语

不信就试试	不信就仔细瞧	不信你问俺兄弟	不信来看看	不信读一读	不信去看看
不信你看吧	不信走着瞧！	不信你问问	不信你看看	不信试试看	不信你走着看
不信去问一问	不信试试看，	不信你等着看	不信咱们打个赌	不信你剔剔看	不信您问史国良
不信你可以去看看	不信我下床给你看	不信你让我站起来看嘛	不信我领你看去！	不信到水边上照照去	不信到我家里看看去
不信你看看这儿	不信你自己听听好喽	不信瞧瞧我们金枝			

19．"去"句下的谓语

去强迫	去说服	去买料子来	去咬他	去准备好	去告诉
去扩大	去看呀	去吧	去锻炼	去华北局	问他去
去叫兰姑来	去睡觉	去把他找来	去找你的英雄	去请你爹	去动员儒春
去看看	去捉住他	去家坐	去清水河	去偷	去找呀
去跟敌人拼	去叫他来	去吃点东西	去追她	去叫你叔父	去吃饭
去跟建国说	去救妈妈呀	去看看他	去报告	去找火药桶	去干你的事

续表

去拿高尔夫球棍	去叫他们不要打	去给你亲爹赔礼	去叫阿香找把铅笔刀来	去拯救他们呀！	去拿扫帚把……扫干净
去开辟新的天地	去创造新的生活	去把你的报务员找来	去保卫祖国的自由	去把区公所收拾掉	去打乱敌人的固守计划
去烧卖国贼的房子	去和那群笨蛋玩	去给你奶奶他们念念	去找你们主任来	去找干部评评理去	去帮满喜打扫打扫东房
去掌握部队去	去追女孩子去	去把你大伯叫回来	去把……拿出来	去找……打听打听	去打仗好了
去死吧	去看地形去吧	去参加招考吧	去找她吧	去爬山吧	去求求她吧
快去看看吧	去喝一杯吧	去打小麦吧	去办吧	去画吧	去问夫人吧
去犒劳那些吸血鬼去吧！	去劝劝太太吧	去把那本书拿来吧	去埋藏比较贵重的东西吧	去赶那头母牛吧	去到祁家去趟吧
去嫁铁拐李吧	去买点心赚些钱吧	去吃您的晚餐去	去做好你自己的事就行了	去问罗严克拉姆公爵吧！	去和我父亲谈一谈吧

20.“还是”句下的谓语

还是拆了吧！	还是赦免他吧	还是我来犁！	还是先吃药吧	还是回家睡觉吧	还是送你回家吧
还是赶紧行动吧	还是我提一提吧	还是多吃菜吧	还是你要个价吧！	还是说说吧	还是剪去吧
还是我一个人来干吧	还是好好考虑考虑吧！	还是想想眼前的吧	还是让政委谈谈吧	还是我打扫吧！	还是去协和医院打吧
还是给报个户口吧	还是说说你的工作吧	还是请你自己来回答吧	还是赶快处理手头的事吧	还是给他一根上吊的绳子吧	还是请您把他带走吧
还是让她头脑清醒点吧。	还是住到弗兰德旅馆去吧	还是把……先放下来吧	还是心平气和地想办法吧	还是不要提吧	还是让我回去吧将就点吧
还是让我回到中学去吧	还是好好干你的构件厂吧！	还是让我们重读吧	还是商量商量咋办吧	还是另找别的线索吧	还是以后练一练再滑吧
还是应该到	还是请医生	还是得了解	还是忌讳一点好	还是吃饭要紧呀！	还是得往正路走
还是得吃了一碗再添一碗	还是一个人说	还是听我的去找旅馆	还是先从老转下手	还是我去，你留在这里	还是先给父母亲谈谈
还是先躲到安全地方比较好	还是赶快商议军国大事要紧				

21.“给”句下的谓语

给他奶吃	给我滚出来	给我	给我梯子	给我杀掉	给……报仇啊
给我钱	给我打	给我4盒	给我换上	给我押走	给你这个

给她点好瞧的	给我开除她的党籍	给我把小爷抬回家去	给……公正的对待	给我机会来爱你吧！	给我把她关进祠堂里去
给我加一枪吧	给我留一些就行啦	给我拿到屋里去	给……医药费,把这事给摆平吧		

22. "慢慢" 句下的谓语

慢慢地熬着吧	慢慢整吧	慢慢调吧	慢慢地读吧	慢慢再说吧	慢慢地欣赏吧
慢慢儿说	慢慢来	慢慢学学	慢慢挑	慢慢地说	慢点说
慢点	慢慢适应	慢慢找	慢点！	慢着！	慢慢就会习惯
慢慢的！					

23. "就" 句下的谓语

就交给他好了	就来抢吧	你就给我去	你就脱掉吧	就这么办吧	就谈电影吧
就去吧	就赶紧去吧！	就在这里吧	就说我吧	就这样	就尽管去吧
就这样干	就这么办了	就这么着吧	就这样	就这么办吧	就让你陪我
就说今天吧	就这么爬吧	就说上次吧	就这样吧	就此搁笔吧	就靠你了
就要上轮船出码头	就赶快休息一会儿	就打起精神干吧	就让他们去吧	就按吩咐去做吧	就让他这么想
就以你为例吧	就办皮鞋厂吧	就这样送给中央吧	就拿我来说吧	就以此次盛会来说吧	就算是萤火虫吧
就做个幌子吧	就拿你来说吧	就来一尺五吧	就拿我来说吧	就这么决定吧	就把他撞开吧
就这样决定吧！	就扣当月奖金吧	就造在这儿吧！	就来一尺五吧	就拿我来说吧	就让它留在那边吧
就拿过桥作比方吧	就让他们消失好了	就从马耳他到雅尔塔吧	就演个秦叔宝的故事吧	就从马耳他到雅尔塔吧	就改叫秃鹰之城回廊吧
就让它流去吧	就拿关东来说吧	就说缴公粮吧	就说陈政委吧	就拿在我屋里吃吧	就说这个侯扒皮吧
就拿头一胎说吧	就拿小崔太太说吧	就说一夫一妻吧	就以接家眷说吧	就拿他看殡说吧	就地挖个坑算了
就这样说定了	就在这儿吃吧	就拿他看殡说吧	就选在那儿好了	就算是对他的镇压吧	就在这儿结束她一生吧
就让他们再晕乎着去吧	就让他们审判吧	就请……解决这个问题吧	就拿姐姐出入封锁沟说吧……	就交给你了	就这样吧

续表

就拿对东南地理的命名来说吧	就让给你们吃最后一口吧			

24. "再" 句下的谓语

再大些	再快点	再试试看	再找一辆	再打一会吧	到时候再说
再响些吧	再说下去吧	再唱一个吧	再来一遍	再喝一瓶	再想想吧
再拿一盒火柴来	再看看那些世间美貌吧	再给我拿一个……吧	再住住就好了	不要跑！再跑就开枪了	再出去长游一次吧
再给五分钟的时间吧	再给我一点儿水	再观察一段时间吧	再耐心等一会儿	再出去长游一次吧	再支撑我一会儿
再喝一口沈阳的牛奶吧	再动我就开枪了	再把史更新找了来	再找个帮手就行了	再拿几个火把来	再毋许瞎讲了
再说点儿俏皮话吧	再给……一点时间吧	再仔细研究一下情势吧	再一次呼吸自由空气吧	再补上一个吧	再多想一想吧
再多给我写一些吧	再狠狠踩一脚急刹车吧	再会吧	再来一次吧		

25. "也" 句下的谓语

也算我一份儿	也不想想……	也不想想你自己的身份		也让我教一教你	也该让他们尝尝滋味了
也替我带一点儿去	也要把我们的地方武装整编好	也教后代子孙知道知道	也唯有这么干才行	也让他们高兴高兴	也不瞧瞧自己倒霉相儿

26. "让、给" 句下的谓语

让我给你戴上	让李大叔走	让我签字	给我们烧点水	让他们去吵	让戴茜来吧
让我们看一看专家们的评论吧	让他们受审	让他小心点吧！	让他跑远些吧	让我们把应有的悲伤付给这时代吧	让我们来替冒险队欢呼吧
让我安静下来	让我将衣服穿好吧	让我独自一个人生活吧	让我给你点吧	让他去关心她吧	给我一点吧
给我们开门吧	给我机会来爱你吧！	给我加一枪吧	给咱找个笤帚来吧	给我一碗茶吧	让我自己算吧
给我一点勇气	给咱们的祖宗留点脸吧	让我们为自己而活吧！	让我们上去吧！	让我受苦受难吧	让它尽早结束吧

续表

让俺这老婆子帮你一把吧	给您的笔刻上一个名字吧	让咱们天天一块儿喝两杯吧	让我们共同携起手来，一起干吧！	让我们不断地扇动欢跳的火焰吧	让我来给你按摩一下胳膊和后背吧
给我点水喝吧	给咱们的晚餐添个菜吧	给老头捎话吧	给我一些书读读吧	给你介绍个对象吧	给姨夫帮忙去吧
让他休息一会儿吧	让担架队先过吧	让他睁眼做瞎梦吧	让大伙儿去恨我们吧	让他跑远些吧	让我抽一袋烟吧
让我今天能与他说话吧	让我给你当女帮手吧！	让我训练居民学敬礼吧	让我一个人歇一会儿吧	让他去吃苦头吧	让我去面对那一切吧
把北京留给我吧	让我们先过去吧！	让他再嚷下去吧！	让我做一个听戏的吧	让我一个人待着吧	让我们更好地教训鬼子吧
让我这男主人去迎接她吧	让咱们在这儿逗留一会儿吧	让他躺着吧 让水煮开吧 让我过去吧	让启风自己来处理这个难题吧	让我先说吧 让他看看吧	让我护送着韦尔逊先生回家去吧
让我们接受考验吧	让他们嬉戏吧	让他们妄谈吧	让我睡一会儿吧	让我选三个人来取代吧	让贝奈斯先生选择吧
让孩子们唱自己的歌吧	让我们读读他的《欧行日记》吧	让他们爱怎样咒骂就怎样咒骂吧	让陆师长给你讲吧！	给我弄口饭吃吧	让我们每个人都开足马力向四化奔驰吧！
让我们算算工钱吧	让我们认识一下吧	让那一切重新回来吧	让我来告诉你事实吧	让他们出来吧	让我坦白告诉你吧
让我们共同携起手来，一起干吧！	让我们为这位诗人庆幸吧	让违背自然的上帝见鬼去吧	让我们呼吸英雄的气息吧	让战士们，再睡一会儿吧	

附录四　汉语否定祈使句谓语构成一览表

1."别"句下的谓语

别变卦	别废话	别管我	别管他	别叫他跑了	别挤
别吵	别啰唆	别再停了	别嚷了	别让她跑了	别等起风
别慌	别说废话	别忙	别动手	别摔了	别碰
别问啦	别说这个	别再说了	别弄坏了	别跑了	别心急
别愣着	先别打岔	别哭	别忘了	别听他	别生闷气啦
别听她的	别让人看见	别胡说了	别打架啦	别出声	别动
别愁	别嚷	别胡说	别理他	别闹我	别害怕
别装相	别跳	别废话了	别躲着	别难过	别说了

别抱它	别笑话	别唱	别提姑娘了	别找他们啦	别唱了
别欺负我吧	别哭了吧	别哭啦	别再胡闹了	别！	别慌别怕
别睡	别打	别发火呀	别多心	别笑	别胡思乱想
别胡来	你别发浑	你别走	别乱嚷	别洒了面	别焦心了
别张嘴	别哭鼻子	别叫	别过来	别进来	别开枪
别问啦	别打他	别开玩笑	别去追	别担心	别装死
别进去找骂	别过来	别做声	别停下	别大意	别走啊
别再喊了	别犯疯	别说话	别躲我呀	别傻了	别这样说
别逼我	别走了	别误会	别再回来了	别再来	别咬我
别做梦	别乱	别泄气	别抢啦	别麻烦了	别理她
别掉沟里	别这样	别瞎说	别待忒久	别那么着	别傻坐着
别戒严不准	别想出海了	别丢了	再别这样了	最好别理他	别做傻事
别着急	别看船小	快别说啦	快别哭了	快别去	快别叫
别动	别不吃饭	别说这个	快别说这	别过来	快别打了
别动响了	别来碰老娘	别惦记我	别神经过敏	别想好事啦	别鼻子插葱
别说你不想	别放过时间	别客气啦	别再喝了	别怕	别急呀
别迷路了	别闹了	别撅嘴了	别吃了	别让他走	别耍小聪明
别这么说	别伤心	别碰	别丢掉我	别这样哭	别让我死啊
别急着回去	别太理想化	别碰我	别说啦	别再作声了	别站在这儿
别胡闹	别小看我	别说了吧	别发愁了	别拦住我	别喊
别压着瞎子	别大意	别这么看我	别这样	别闹	别叫啦
别光扑着家	别瞧她不起	别狐疑了	别提了	别开枪	别生气啦
别发脾气	别自作多情	别学你哥哥	别多心哪	别唠叨了	别生闷气啦
别妄下断语	别离开这里	别这样小气	别乱吵嚷	别杀我	别出洋相
别掉队	别开玩笑	别动它	别光挥手	别那样	别来见我
可别！	可别那么说	别占小便宜	可别这样	快别这么着	快别作声吧
别客气	别再多话	别吓死我	别吵醒她	别过分啊	别流泪
别开玩笑了	别瞎扯啦	别这么灌酒	别解散	别这样	别磨蹭
别乱来	别再瞒我了	别理会你爹	可别说你要	别作声啦	千万别这样
别嚷嚷	别去	别来吵我	别打他	别挨近我	别想了
别送我	别傻了	别发愁	别太伤心了	别说死	别离开我
别生气	别乱动	别害羞	别离开我	别弄伤她了	别迟疑

别伤心吧	别惹麻烦	别看我	别再换了	别大惊小怪	别忙
别告诉爸爸	别谈了	别在意	别再出门啦	别想挣脱	别踩我的脚
千万别说	别提啦	别再难过	别再说	别靠近我	别吃惊
别太伤心啦	别陪我啦	别送	别叫他追上	别怨人家	别的都甭说
别这么闹!	别嫌我嘴碎	别闷在心里	别在树底下	别烦我吧	别叫人耻笑
别乱出主意	别累坏了哇	别这么说	别使小性	别开电灯了	别忘恩负义
别这么着急	别忙	别和父亲学	别再恨我	别再来	请别见怪
请别说	请别担心	请别介意	请别生气	请别相信他	请别吵啦
请别这样看着我	请别和她们讲话	别让他们说这些话	丢了可别赖我	别信……胡说别跟人说……	别去看那张照片
还别叫别人看出来	别绕到胳膊上	别让奶奶看见了	别像个白痴一样	别白牺牲了	一句话也别说
别让他有机会	别个个都站在那儿	别让你的丈夫喝白兰地	别怪我不客气	别把证据弄乱了	别担心晚上有异声喧闹
别总抱着一本小说	别怕见不得人	别用什么借口	别在家白吃饭了	别在我的眼前	别用这道禁门拒绝我
别埋怨自己吧……	别说你忘了店前的一幕	别跟我闹着玩	别这样缠在我身上	别忘了审美的距离感	别以为西方没有禁区
别让人讹了你	别让人家的酒真灌晕了	别半道上打闷棍	别再做剧烈运动了	别责怪我们的园丁们吧	别老照镜子啦!
别提我们有多忙了	别光自己抱着	别让蚁群赶在前面	别让鸟雀赶在前面	别就这么把水倒掉	别带头说怪话
别冒这么大火	别在这里给我丢人	别指望一块云彩下雨	别光开空头支票了	别让敌人跑了	别耽误别人工夫
别净抱怨我哥哥	别再自找麻烦	别让孩子们看见笑话	别这么磨磨蹭蹭讨论啦	别怪我不提点你	别尽逃来逃去的
别在跟前说好听的话了	别这样咒我吧	别老把头埋在沙里	别说老朋友没忠告你	别假冒专家了	别工作得太辛苦
别扯这一套好不好	别当着她的面说她丈夫	别作无益的牺牲!	可别等着罚款啦	别在云上降落	别逼我采取严厉的措施
可别把这个纯真的少年给洗脑了哟	别忘了日本首先是祸首国	别叫人急得瞪出眼珠子来!	别以为你们香港什么都好	可别弄到最后"鸡飞蛋打"	别管我们的实验是否经得起检验
别把他的私人生活加进去	别以为那些西瓜是我们园子里的	别再发出那种可怕的叫声啦	别让咱们的弟弟妹妹,到这儿来送命	别让病态的心理影响了你	别以为我在拿您的病开玩笑
别在被窝儿里说笑话儿	别让他们走出大门	别只想你自己委屈	别这样瞪着我	别忘了请蓝东阳去	别跟我装傻充愣
别以为你大了我打不得	别老忧国忧时	别告诉我那是梦	别教他们看见你	别再提解放前	别满院子胡溜达

别都扎在一堆儿	别教顺妈老打孩子呀	别对任何人说我的事	别把我扯倒了哟	别惹出我的不好听的来	别那么使劲抱着狗
别惹妈妈生气	别跟我碎嘴子	别白瞪着眼费光阴	别跟华盛顿学	别错过了机会	别白白牺牲了壮丁
别都跟我报委屈	别胡说八道了	别像乌龟躲在洞里	别压住我的红棉袄	别让我损你啦	别忘恩负义就得了
别教大家听见	别在那儿愣着	别等着烧净了呀	别再耽误工夫	别把点热气儿都给放了	别这么甩手一走
别忘了晚上到这儿来	别为了我给自己找麻烦！	别在这儿蹲着	别跟我碎嘴子	别惹妈妈生气	别管……咱们不能忘了礼节
别再叫他跑过桥来	别在这碍手碍脚的气人	别再叨叨什么等不等了	别待在屋里呀	别相信那只秃尾巴母鸭	别生活在理想之中
别灌我的米汤了	别让丫头知道了去报告	别管什么图书了！	别用太多的油	别那么大气性	别叫我醒来茫然
别再拿洋人吓唬人	别忘了你现在在哪儿	别听他的骗人鬼话	别乱扯师兄弟！	别把人熬坏了	别在这里耍贫嘴
别再三心二意了	别和这小子啰唆吧	别忘了步炮协同作战	别等炮火打来	别光坐在那儿啦	别哭坏了身子
可别把我折死了	别把我们母女分开呀	别伤了你们之间的和气	别让大熊猫跑了	别提他的名字	别跟我噘嘴吊脸的
别说此等不吉利之话	别听他这些鬼话	别说这么多废话了	可别寒碜人了	可别这么看问题	快别那么说了吧
别这样愣着嘛	别让我娘知道	别说难听话了	别让他们受伤了	别再奏下去了	别这么激动嘛
别再害怕夜色	别压坏了我的荷花	好好欣赏别放过呀	别装糊涂说自己受骗了	别担心有任何声音吵你	别危言耸听了
别再喊累了啊	别叫我笑掉大牙了	别光看名字嘛	别管我们的事	别这么惊慌失措	别老想着那件事啦
别说中国，外国可更厉害	别让他们推了	可别说我瞎扯	别说有病，就是好人也	别看咱俩是夫妇	别说巧珠奶奶，我也有
别看他身大腿高瘦得可成了皮包骨	别等祖父起来，咱们就溜出去	别听到喝彩接受奖状就真以为	别直入公堂的跟人家求事	别以为有两个钱坐街车，就	别说我娘，就说我自己也……

2."不要"句下的谓语

不要捉了	不要贪玩	不要慌	不要怕	不要惊慌	不要再来
不要装孬	不要分裂	不要做只猪	不要放过	不要闹	不要说话
不要难过	不要铸成大错	不要做了	不要怪他们	不要乱说话	不要再睡了
不要吞吞吐吐	不要露马脚不要信他的	不要说今天的事了	不要执着在男女色欲上	不要打水不要治啦	不要劈柴

不要等天亮了	不要噘嘴歪鼻子	不要和外地人混在一起	不要再管别的了	不要乱跑 不要看我们	不要急听我说说怪话给我听
不要使一贼漏网	不要惊慌，也不要犹疑	不要被匪徒把你吃掉。	不要搞阴谋诡计	不要听他们的	不要因小失大
请不要辜负我	请不要怪乔晖	请不要羞辱我	请不要为难我的父母	请不要怕 请不要理我	请不要过度地激动吧
请不要嫌弃请不要！	请不要这样做	请不要开我的玩笑	请不要忘记请不要害怕	不要老眨巴眼睛	不要出去瞎跑
不要再来打扰我们了	不要卖我去乌镇	不要害怕谈论谬论	不要出卖自己	不要错过机会	不要硬打正面
不要再欺骗公众了	不要胡思乱想	不要东拉西扯	不要增加多余的脚印	不要追求无用的负担	不要指着月亮起誓
不要把张大爷伤了	不要太小心眼	不要错怪了好人	不要在这里丢人	不要生活在遗憾中	不要再打搅我了
不要继续追了	不要多嘱咐啦	不要给我作宣传	不要你汇报五连情况	不要再顾虑黑妖精了	不要回加拿大去了
不要落泪	不要学了	不要哭	不要声张	不要反顾	不要软弱
不要伤心	不要杀死我	不要生气	不要骂他	不要抽了	不要怕
不要装蒜	不要抢了	不要弄错了	不要勉强啊	不要打坏它	不要追赶我
不要看我小	不要忘记	不要以为	不要丢弃	不要进去	不要害怕
不要停止	不要留我	不要忘记	不要跑了	不要搞宗派	不要瞎说
不要忽略小事	不要落人口实	不要讲贝戈特的坏话	不要暴露目标	不要抛弃你已得的东西	不要危害罗马
不要叫杨大王八跑了	不要瞻前顾后！	不要再挑逗我	不要浪费时间	不要生气 不要讥笑	不要打 不要有顾虑
不要动	不要写多长	不要迟延	不要走	不要讲了	不要生气
不要认为	不要再提了！	不要畏惧	不要宰掉他	不要拿走	不要叫大爷
不要闹了吧	不要拘束	不要夸耀	不要这样做	不要睡	不要不服气
不要把自己的才能毁掉	不要离开了绅士风度	不要总说外国的月亮圆	不要心痛那个	不要叫爸爸心里难过	不要再让我背黑锅啦
不要让他们开门	不要不自量力	不要再让我看到你	不要把我的水弄湿了	不要对他高声说话	不要白白送命
不要念下去了吧	不要为我担心	不要这么急着下结论	不要操之过急	不要用任何坏字眼	不要说下去了
不要拖拖拉拉的	不要让他看见你	不要再提醒我	不要因为……而哭呀	不要再追杀了	不要胡思乱想了
不要说下去	不要再打啦	不要误会	不要失约	不要这样说	不要再任性
不要杀人	不要放弃	不要抢夺	不要如此	不要作声	不要因为我
不要欺骗	不要误会我	不要管我	不要怀疑	不要靠近我	不要性急

续表

不要小视这个数字	不要让郭小川感到紧张	不要找什么消遣！	不要把责任推给夏天	不要让他们进来	不要再糊涂了不要泄气
不要对任何人讲，	不要都挤在一个地方	请你不要这样	不要为我难过	不要以为自己了不起吧	不要将这罪归于他们
不要买什么东西	不要侮辱伊斯兰教	不要为军阀、财阀当炮灰	不要说这种话	不要白费时间	不要让我这样死去吧
不要这样讲	不要挑剔	不要乱开枪	不要捣乱了	不要干扰	不要受凉了
不要旅游	不要看电视	不要！	不要流泪	不要跑	不要难过
不要说啦	不要说……	不要怕吃苦	不要再哭	不要过分啦	不要听他的
不要再露面了	不要耽误时间了	不要去追究那些啦	不要跟我讲大道理	不要上他的当	不要听他那一套
不要往坏处想	不要害我兄弟	不要跟我说什么家业	不要再管别的了	不要随便行动	不要三心二意
不要烧这个东西	不要依赖他人	不要啼啼哭哭	不要去跟永恒拔河	不要骑得太快	不要去锯木屑
不要听他们的	不要向环境低头	不要光为我们做什么	不要把门关得砰砰响	不要把……当作友人	不要让……都毁掉了吧
不要把客厅弄湿了	不要让我看见你的影子	不要以为……就是……	不要说……就连…….	不要说吃饭，水也喝不了	不要因为我……就生气
不要把她们急坏了	不要毁了我们这座城市	不要对我落井下石	不要剥夺我希望了吧	不要再把……随意打碎	不要破坏别人的幸福
不要出来	不要难过	不要急	不要再睡了	不要胡闹	不要投
不要淘气	不要吸毒	不要难过	不要点灯	不要看他们	不要紧
不要出去	不要绑我	不要出声音	不要打埋伏	不要喊他们	不要缝
不要铸成大错	不要再害臊了	不要让我着急	不要使我失望！	不要关我的娘	不要问我为什么
不要用安抚拖延政策	不要再戴上假面具	不要强迫我去	不要在我这里开枪	不要让我发疯	不要做对不起您姊姊的事
不要说这种话	不要这样呆呆地站着	不要叫人听见	不要从南边来呀	不要上他的当	不要让他伤害我
不要在这里哭	不要站在这里	不要再为荷包去骂他嘛	不要抢走我的小草啊	不要再用那东西	不要害怕他的魔法
不要让我骂	不要打了	不要你管	不要跑远了	不要踩它	不要上药
不要进来	不要纱布	不要吵	不要乱跑呀	不要吓她了	不要再来打
不要伤心	不要说话	不要闹	不要再问了	不要向后看	不要碰我
不要噘嘴歪	不要管闲事	不要在这儿	不要离开我	要逃走	不要再戳动
不要吞吞吐吐	不要留家底子	不要留下祸根	不要挨近闯王	不要装神做鬼	不要和他们说话
不要以为我要赶走你	不要空费时间	不要再那么想	不要把……带进你的屋子	不要跟我说需要不需要	不要乱挥那把刀

不要影响孙妈妈啊	不要因为……影响到……	不要这样低着头	不要叫张献忠逃走了	不要辜负了你妈妈	不要讲这些不吉利的话
不要说明天，就是明年……	不要说我，连……	不要在大街上	不要惩罚他……	不要再……打手势了	不要以为自己是在做梦
不要捣乱	不要靠近	不要碰它们	不要强迫我	不要看	不要挡路
不要怪她	不要怕我	不要往南跑	不要担心	不要胡说	不要着急
不要再谈了	不要这样说	不要麻烦啦	不要发慌	不要起来	不要忘记
不要姑息	不要挤	不要再打	不要再吵了	不要射箭	不要烦恼了
不要嚷	不要去	不要放过	不要怕	不要瞎说	不要悲观
不要再打	不要出声	不要着急	不要动我	不要发愁啊	不要吵
不要麻烦啦	不要歇着了	不要动气	不要闹了	不要吃早饭	不要跪
不要讲了不要叫漏了	不要跟她一般计较	不要拉那么远	不要来这里麻烦	不要想再捉弄我了	不要学"小反倒"
不要麻烦你娘了	不要在村里住了	不要再跟踪我了	不要让他们杀了我	不要让他带你去	不要提起我
不要去想什么喜剧、悲剧吧	不要想只能救别人的方法	不要为了明天的旅程太过烦心	不要让我回到那个地方去	不要让他们真闹出事来！	不要再打电话来跟我麻烦
不要把宝贝带给他！	不要跟它们走！	不要看那鬼火！	不要让我再看见它们	不要立下那誓约	不要忘记这里是哪里
不要让……你心中滋长	不要岔太远了	不要再这样说了	不要逼我这样	不要把我留在这里	不要随意牺牲自己
不要叫别人笑话	不要让他杀了我的弟弟	不要把你的帽子拉下来	不要作证反对我	不要攻击我的孩子们	不要伤害我的孩子
不要走那边	不要乱说话	别耍小聪明	不要再追了	不要乱来	不要再叫了
不要问问题	不要多说了	不要碰我	不要烦我	不要插手	不要太大声
不要说话	不要太贪心	不要乱动	不要开口	不要去	不要走

3."不能"句下的谓语

不能松劲	不能受凉	不能当成……	不能姑息	不能让敌人……	不能要她
不能把我们除掉	不能丢	不能让皇帝	不能这样做	不能忘记	不能坐视
不能待在这里	不能那么轻易牺牲	不能这么骗我们	不能再等了	不能再中他们的毒计	不能让它继续发展下去
不能与杨威利讲和	不能杀掉他呀	不能使它毁于一旦	不能街上乱跑呀	不能这样冒失呀	决不能让其逍遥法外

不能再赖床了	不能像昨天和前天那样	不能打无准备之战	不能见死不救，	不能再中他们的毒计	不能坐等山空
不能把我留在这里	不能随随便便借钱	不能脱衣服不能离开	不能这样做不能独占啊	不能娶时髦风流的媳妇	不能丢弃孩子
不能因为穷就不注意培养人才	不能让孩子的心灵被……所染	不能再让他们这样过下去了	不能不承认……老人说得直率	不能把反动派看得那样善良	不能不给小孩子们个厉害！
不能倒	不能再等了	不能这样做	不能杀	不能屈服	不能拖
不能让他去	不能告诉他	不能代	不能这样	不能再追寻	不能那么说
不能说后悔	不能再忍了	不能大意	不能轻敌	不能这样	不能看
不能马虎	不能失信	不能急躁	不能见他	不能打！	不能停在这
不能跟过去同日而语	不能反过来看	不能不等一下子	不能让王国炎逃出去	不能坏了村里规矩	不能诬蔑我们
不能教它倒下！	不能教郑家绝了根	不能听他们的	不能光凭热情	不能任人摆布	不能再动不动就抡拳头
不能走得离大马路太远	不能用鞭子赶	不能让他带去	不能这样下去了	不能怕得罪人	不能就这样埋了
不能不择手段	不能这么想不开	不能够这样子	不能使用重兵器的	不能跟她那么说	不能这么着急
不能这么骗我们	不能让任何人知道	不能轻饶这小子	不能强迫她回来哟	不能那么轻易牺牲	不能我们不能后退
不能等待任何拖延的部队了	不能让敌人掌握时间的权利	不能把房子拱手让给他们	不能再到街上去拉皮条了	不能不求救于那只飞机了	不能使这向上的雄心开扩
不能教死人臭在家里不能去	不能光教官面上的人受累	不能从割豆子开头不能杀	不能只凭她的嘴说！不能爬	不能不加入不能只往一面想啊	那四瓜畜生不能跟这狗强盗去
不能上刺刀	不能跟我去	不能让他走	不能立即辞	不能白入教	不能再迟缓
不能那么消极	不能独吞不能再多	不能便宜了			

4.“不许”句下的谓语

不许动	不许作弊	不许再跟我	不许晕倒	不许乱跑	不许躺下
不许用棺材	不许告诉妈	不许教	不许工作	不许过来	不许掉队
不许胡言	不许去	不许动手	不许出声	不许遮脸	不许跑
不许胡闹	不许烧	不许你哭	不许回头	不许乱动	不许回顾
不许进来	不许说话	不许动武	不许开灯	不许要	不许你张嘴
不许迟	不许乱跑	不许笑	不许过	不许你碰她	不许这样

续表

不许这样耍横	不许调戏妇女	不许穿花裙子	不许你再管别人的事	不许互相残杀	不许窝藏官兵
不许碰着闯王	不许伤害闯王	不许杀害眷属	不许说长道短	不许违抗命令	不许随便叫我的名字
不许跟你爹顶嘴	不许张秃子去	不许你伤害国宝	不许你再说"流贼"	不许你来插手	不许任何人不执行命令
不许你提上帝两个字	不许你们再约我丢掉	不许穷人背枪	不许人们抗日	不许打那只小狗	不许你诋毁宗教
不许尿裤子	不许撒野	不许说	不许爱哭	不许出声	不许再哭
不许打人不许行凶	不许一个人瞎冲乱撞				

5. "少" 句下的谓语

少点	少说一句	少怀疑别人	少来这套	少废话	少说点儿吧
少贫嘴	少费话	少跟我们套近乎	少拉着我们犯错误	少跟我说什么同情心	少拌嘴好不好

6. "千万" 句下的谓语

千万别让人知道	千万别吓坏了	千万不能失守	千万不要人云亦云	千万别丢了传统	千万别伤老百姓的心
千万不要像那个坏女人	千万别把我儿子抓住呀	千万别出声响	千万别把他打死了	千万不能把他打死	千万别跟人太接近
千万千万，谁也别告诉	千万不要因为我乱来呀	千万可别洗脸	千万别把电话挂上	千万不能向反动派投降	千万不能忘记的
千万不要少壮不努力	千万不能冒昧从事	千万不要染上艾滋病	千万可别这么说	千万不要小瞧单巴	千万不能失守
千万不要送礼	千万别因为我	千万不要把黑人弄醒了	千万我可别记错了地方	千万别扫了大伙儿的兴	千万把他赶出去！
千万保重身体	千万别教祖父知道了	千万不要再说出来了	千万别喧嚷出去呀	千万别来个有旗伞执事的	千万别开快车
千万别忘记人的虚荣	千万别跟我说结尾	千万不要忘记我	千万不要送政府	千万别娶阔女人为妻	千万不能露出不快的神色
千万别忘了	千万莫说啊	千万不要去	千万莫误	千万不要	千万别走
千万别麻烦	千万别这样	千万别说了			

7."不用""用不着"句下的谓语

不用搬	不用伤心	不用拦我	不用想	不用忙	不用提了
不用看	不用驳回	不用管别的	不用打了!	不用说	不用防备我
不用想了	不用告诉我	不用费话	不用和他们乱跑	不用说别的	不用吃晚饭
不用再说了	不用管	不用你撑	不用管我	不用生气	不用太计较
不用想那个	不用问	不用担心	不用捣乱	不用提	不用去追
不用着急	不用说这个	不用听老李的	不用往脸上贴金	不用再捉弄人吧	不用你再去找了
不用再打听了	不用问先生去	不用再劝我了!	不用硬,等着瞧	用不着说别的	用不着装假
不用替我发愁	不用让战士来这看	不用和别人说咱们的事	不用打算叫……出路费	用不着和它讲情理	用不着买梨了
用不着站在这儿	用不着谈身份道字号	用不着提名道姓	用不着这么客气	用不着你在这儿教训我	用不着出去跑
用不着不好意思承认	用不着提心吊胆	用不着!	用不着您操心	用不着让全家都看着你	用不着说那么清楚
用不着听	用不着相面	用不着讨论	不用问		

8."不必"句下的谓语

不必去看	不必效仿	不必追求	不必再犹豫	不必再退缩	不必了!
不必多说	不必妄想	不必怀念	不必隐讳	不必白费口舌了	不必这么动气
不必说……姓韩就是……也不	不必把我看成魔鬼	不必讲那些了	不必一定由局长交派		

9."不准"句下的谓语

不准顶	不准再说	不准再乱说	不准挤	不准躲懒	不准再问
不准问	不准打人	不准进村	不准说	不准再提	不准声张
不准乱来	不准动	不准过来	不准吸烟	不准叫喊	不准乱碰
不准问这个	不准说这个	不准淘气	不准开	不准哭了	不准吵嘴
不准带去	不准挤	不准留情	不准走	不准顶	不准又吵闹
不准他们胡闹	不准有小动作	不准向公安局报告	不准乱翻我的抽屉	不准再来电话	不准再乱说
不准随地吐痰	不准你血口喷人	不准乱丢废物	不准和爷爷讪脸	不准和你的同伴交谈	